신선한 재료로 만든

맛깔난 양념 & 소스 만들기

배태자 지음

예신 Books

"마음을 한가득 담았습니다.
사랑을 한가득 담았습니다.
맛을 한가득 담았습니다."

사랑의 메시지...

화학조미료의 다량 사용과 식품첨가물로 인한 각종 환경오염 및 생활오염이 우리네 식생활을 위협하고 있습니다.

또한, 경제 발전과 주부들의 사회 진출로 인해 인스턴트 조리를 선호하는 경향이 높아져 가족들을 위해 음식을 만드는 즐거움이 사라지고 있는 추세입니다.

이 책은 요리가 복잡하고 손이 많이 간다는 이유로 편의식품을 추구하는 분들을 위해 신선한 천연 재료를 사용한 국물과 우리네 전통 발효식품인 된장과 고추장, 간장으로 깊은 맛과 구수한 맛을 낼 수 있는 방법을 정리한 다이어리입니다.

1년 동안의 먹거리인 된장과 고추장, 매실액을 담그면 한살림 장만한 것처럼 뿌듯하고 든든합니다. 콩 한 톨, 고추 하나 소중하지 않은 것은 하나도 없습니다. 저는 이런 신선한 먹거리를 끊임없이 제공하는 자연의 소중함에 늘 감사하는 마음을 가지고 살고 있습니다.

옛날 어릴 적 매일 아침 장독대의 옹기에 물을 뿌려 씻겨주고 닦아주고 자식처럼 예뻐하시던 친정 엄마의 마음을 알 것 같습니다.

요즘도 옹기를 보면 가슴 설레임과 애정이 느껴집니다. 저에게 소박한 꿈이 있다면 물 좋고 공기 좋은 한적한 시골에서 전통 발효식품인 된장과 고추장, 청국장, 김치를 담가 우리의 새싹인 아이들에게 일일 학습장을 열어주는 것입니다.

우리 아이들이 오염되지 않은 자연에서 직접 콩, 고추, 배추를 키워 전통 방식의 발효 식품을 담가 보게 하고, 깊은 우리의 맛을 지켜가게 해 주는 것이 제 작은 소망입니다.

이 책의 원고를 쓰고 촬영을 하면서 행복하고 가슴 떨리는 순간순간을 오랫동안 잊을 수 없을 것 같습니다.

끝으로, 예쁜 책이 나오기까지 힘이 되어 주신 예신Books 출판사 가족들에게 감사하는 마음을 전합니다.

배 태 자 (bbiggu1204@hanmail.net)

contents

한눈에 쉽게 알 수 있는 기본 계량법 • 8 | 건강한 재료로
천연국물 맛내기 공식 • 9 | 한국 전통 발효식품과 식생활 • 12
| 장류의 역사와 유래 • 12 | 맛의 비결 장류 • 13 | 양념 & 소스의
음식 맛내기 • 15 | 맛의 기본 양념 & 소스 • 18

Part 1

채소 요리에 맞는
양념&소스

Part 2

해산물 요리에 맞는
양념&소스

contents

Part 3

고기 요리에 맞는 양념&소스

Part 4

면 요리에 맞는 양념&소스

한눈에 쉽게 알 수 있는 기본 계량법

계량스푼 | 1큰술은 15cc, 1작은술
은 5cc를 말한다. 계량할 때에는 반
듯하게 깎아서 한다.

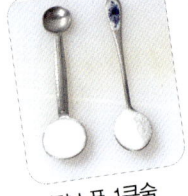

계량스푼 1큰술
= 일반 숟가락 1큰술

계량스푼 1작은술
= 일반 숟가락 1작은술

정확한 계량법
(반듯하게 깎아서 계량)

계량컵

계량컵 200cc = 유리컵 200cc

계량컵 | 계량컵 1컵은 200cc를
말한다.

계량저울 | 계량저울을 사용할 때에는
눈금을 항상 0에 맞추어야 한다. 그릇을
올렸을 때는 그릇 무게를 빼고 '0' 으로
맞추어 계량한다.

눈금 '0' 에 맞추기

그릇 놓고 '0' 에 맞추기

건강한 재료로 국물 맛내기 공식

❶ 닭고기국물

【재료】 닭고기 1/2마리, 양파 1/2개, 대파 1대, 통후추 1큰술, 무 1토막, 물 10컵

【국물 만들기】 닭은 기름기를 제거하고 깨끗이 씻어 물을 붓고 양파, 대파, 무, 통후추를 함께 넣고 푹 고아서 체에 걸러 사용한다.

【닭고기국물로 이용할 수 있는 요리】 해물누룽지탕, 브로콜리스프, 닭죽, 닭개장, 짬뽕 등

재료 준비하기

닭고기국물 끓이기

닭고기국물

❷ 장어국물

【재료】 장어 대가리와 뼈(2마리분), 양파 1/2개, 대파 1대, 통후추 1큰술, 무 1토막, 물 10컵

【국물 만들기】 장어 대가리와 뼈를 깨끗이 씻어 끓는 물에 데쳐 물은 버리고 다시 물, 장어 대가리와 뼈, 양파, 대파, 통후추, 무를 넣고 30분 정도 고아서 체에 걸러 사용한다.

【장어국물로 이용할 수 있는 요리】 장어구이, 장어탕 등

재료 준비하기

장어국물 끓이기

장어국물

❸ 소고기국물

【재료】 소고기(양지머리) 200g, 대파 1대, 양파 1/2개, 무 1토막, 마른 고추 3개, 생강 1톨, 통후추 1큰술, 물 10컵

【국물 만들기】 소고기는 찬물에 30분 정도 담가 핏물을 빼고 끓는 물에 데친 후 물은 버리고 다시 물과 소고기, 대파, 양파, 무, 마른 고추, 생강, 통후추를 넣고 푹 고아서 체에 걸러 사용한다.

【소고기국물로 이용할 수 있는 요리】 육개장, 미역국, 우거지국 등

재료 준비하기

소고기국물 끓이기

소고기국물

❹ 멸치 · 다시마 · 표고버섯국물

【재료】 다시멸치 10마리, 다시마(10×10cm) 2장, 마른 표고버섯 5장, 물 10컵

【국물 만들기】 멸치는 머리와 내장을 제거하고, 마른 팬에 멸치를 볶다가 물을 붓고 표고버섯과 다시마를 넣고 끓인다.

【멸치 · 다시마 · 표고버섯국물로 이용할 수 있는 요리】 콩나물국, 미역국, 수제비, 칼국수, 된장찌개, 부대찌개 등

재료 준비하기

멸치 · 다시마 · 표고버섯국물 끓이기

멸치 · 다시마 · 표고버섯국물

❺ 조개국물

【재료】 바지락 2봉지, 다시마(10×10cm) 1장, 물 10컵

【국물 만들기】 물, 바지락, 다시마를 함께 넣고 끓이다가 조개의 입이 벌어지면 불을 줄여 잠시 더 끓이다가 면보에 걸러 사용한다.

【조개국물로 이용할 수 있는 요리】 순두부찌개, 미역국, 된장찌개 등

| 재료 준비하기 | 조개국물 끓이기 | 조개국물 |

❻ 북어 · 마른 새우 · 다시마국물

【재료】 북어 1마리, 마른 새우 50g, 다시마(10×10cm) 1장, 물 10컵

【국물 만들기】 북어는 1시간 정도 물에 불린 후 마른 새우와 다시마를 넣고 국물이 우러나도록 끓인다.

【북어 · 마른 새우 · 다시마국물로 이용할 수 있는 요리】 미역국, 소고기국, 콩나물국, 북어국, 우거지국 등

| 재료 준비하기 | 북어 · 마른 새우 · 다시마국물 끓이기 | 북어 · 마른 새우 · 다시마국물 |

한국 전통 발효식품과 식생활

우리 조상들은 오래 전부터 우리의 자연환경에 잘 맞고 우리 식생활에 한 몫을 하는 전통 발효식품을 만들어왔다.

발효식품은 병원성 미생물과 유독 물질을 생산하는 생물체의 발육을 억제하고 또다른 오염을 막아 음식의 맛과 풍미를 향상시켜 왔다.

전통적인 제조 방법은 간단하면서도 조상의 지혜가 무엇보다 돋보인다.

우리나라는 농경생활로 인해 곡물이 주를 이루었다. 겨울을 대비한 저장 기술로 곡류, 두류, 채소류, 어패류들을 이용한 발효식품이 많았으며, 콩을 이용한 장류, 채소를 이용한 김치류가 생겨 저장 문화가 발달하였다.

장류의 역사와 유래

'장'이란 간장, 된장, 고추장, 청국장 등을 일컫는 말로 동양권에서 주로 식용하고 있는 식품이다.

우리나라의 전통장은 초기에는 간장과 된장이 섞인 혼용장이었고 삼국시대에는 간장과 된장으로 분리된 것으로 즙액은 간장이고 건더기는 된장으로 사용되었다.

우리나라의 장은 콩으로 만든 '두장'이었다. 콩 재배의 시작은 우리 조상에 의해 이루어졌으며 이를 가공하여 '장'을 만들었다고 보여진다.

궁중에서도 '장고마마'라 하여 장을 담당하는 상궁을 두어 장독을 간수할 정도로 장맛에 신경을 썼다고 하는데 궁중의 장은 콩물로 메주를 받아 장을 만들었다고 한다.

궁중의 메주는 메주 전문가가 만들었는데 이를 '절메주'라 하였으며 절메주는 검정콩으로 새 풀이 나오는 시기에 쑤어서 뭉친 것으로 새 풀을 메주 사이사이에 넣고 덮어서 단시일에 까맣게 띄워서 볕에 말렸다고 한다.

맛의 비결 장류

■ 간장의 식품학적 가치는

간장의 맛이 우리 가정에 큰 의미가 있을 정도로 간장의 맛을 중요시하였고 또한 연중행사의 하나로 그 집의 장맛으로 음식의 솜씨를 가늠하였다.

간장과 된장은 콩과 소금을 주원료로 하여 콩을 띄워 메주를고 메주를 소금물에 담가 발효시킨 후 여액을 간장이라 하고 나머지 찌꺼기를 된장이라 한다.

간장은 단백질과 아미노산이 풍부한 콩으로 만들어지는 발효식품으로 불교의 보급에 의해 육류가 금지됨으로써 발생하였다고 볼 수 있다.

간장은 훌륭한 단백질 공급원이며 오래도록 저장이 가능한 식품이다.

■ 된장의 식품학적 가치는

된장에는 단백질의 함량이 높고 아미노산 구성도 좋으며 소화율도 85% 이상으로 높다. 특히 쌀에 부족되기 쉬운 필수아미노산인 리신의 함량이 높아 쌀밥을 주식으로 하는 우리 식생활에 질적 향상을 도모할 수 있다.

지질 중 필수 지방산인 리놀레산(linoleic acid) 53%, 리놀렌산(linolenic acid)이 8%나 들어 있어 피부병 예방 및 혈관 질환 예방, 정상 성장 등에 중요한 역할을 한다.

콩의 지질이 발효되면 리놀레산이 많아지는데, 이것은 암 예방 및 항암효과에 좋다. 콩기름의 비타민 E는 미용과 노화방지에 효과가 있고 레시틴의 성분은 기억력, 집중력, 학습력을 증진시키며 머리도 좋게 하고 술로 인한 간경변증의 예방에도 좋다. 콩의 식이섬유소는 배변 효과를 증진시키고 간에서의 콜레스테롤 합성을 저해하는 효과 등이 있다.

■ 고추장의 식품학적 가치는

고추장은 콩으로부터 얻어지는 단백질원과 찹쌀, 멥쌀, 보리쌀 등의 탄수화물 식품에서 얻어지는 당질과 단맛, 고춧가루의 붉은색과 매운맛, 간을 맞추기 위한 간장과 소금의 짠맛, 이 모든 것이 함께 어우러진 질적·영양적으로 아주 우수한 식품이다.

고추장은 메줏가루보다 곡류의 함량이 많은 당질 식품임을 알 수 있다. 또한 콩 가공 식품이므로 단백질 급원 식품이다.

고추장이 된장, 간장에 비해 비타민 함량은 많은 편이나, 붉은 고춧가루에는 100g당 비타민 C가 32mg인데 비해 고추장에는 소량 존재하므로 찌개나 전골 등에 고추장과 고춧가루를 섞어 사용하는 것이 바람직하다.

■ 청국장의 식품학적 가치는

가을부터 이듬해 봄까지 먹는 식품으로 콩과 볏짚에 붙어 있는 바실러스 서브틸리스(Bacillus subtilis)를 이용하여 만든 장이 '청국장'이다. 콩 발효식품 중 가장 짧은 시일(2~3일)에 완성할 수 있으면서 풍미가 특이하고 영양학적, 경제적으로 인정받고 있다.

청국장은 내륙지방 사람에게 부족되기 쉬운 단백질을 공급하는데 큰 역할을 하였다.

청국장은 각종 소화효소 작용으로 소화력이 우수하고 비타민 B_2가 원료에 비해 5~10배 정도 많다. 청국장은 혈압 상승 방지 작용이 있고 암 예방, 이질병, 장티푸스 예방 및 치료에 효과적이다.

점질물인 서브티린(subtilin)은 유해균을 억제하고 유익균의 성장을 도와 항균작용을 한다.

양념&소스의 음식맛내기

분량의 양념 공식으로 맛있는 양념 & 소스를 다양하게 만들 수 있지요.

맛있게 잘 익은 고추장과 된장으로 조물조물 무친 나물의 깊은 맛과

정성 또한 입맛을 한층 돋우게 하지요.

겨자의 톡 쏘는 맛은 자극적이지만 부드러움 또한 있어 채소와의 궁합이

한층 목넘김을 즐겁게 한답니다.

좋은 재료와 손맛, 정성이 함께 어우러진다면 최고의 건강 밥상이 되지 않을까요?

건강한 먹거리로 행복과 건강 챙기세요.

● **생강즙** | 생강은 껍질을 벗기고 곱게 채를 쳐서 동량의 물을 넣고 우려서 사용할 수 있는데 특히 비린내 나는 요리의 양념이나 소스에 들어가면 좋다. 남은 생강즙은 유리병에 담아 냉장에서 3일 정도 보관 가능하다.

● **매실액** | 매실은 탱탱한 것으로 골라 매실과 설탕을 동량으로 버무려 옹기에 100일 동안 숙성시킨 것으로 물에 타서 음료로 마시기도 하고 육류요리에 잡냄새를 없애주기 위해 넣거나 물엿 대용으로 사용할 수 있다.

● **유자청** | 유자를 깨끗이 씻어 얇게 저며 꿀과 설탕을 동량으로 넣고 잘 버무려 유리병에 담고 20일 정도 숙성되면 먹을 수 있다. 유자의 상큼한 맛은 입맛을 돋우어 주고 채소 샐러드와 해산물 요리에 소스로도 잘 어울린다.

● **천일염** ｜ 바닷물을 염전으로 끌어 들여 바람과 햇빛으로 수분만 증발시켜 만든 소금으로 주로 김치나 된장, 간장 담글 때 사용되며, 국물요리에 깔끔한 맛을 원할 때 사용하면 국물의 시원한 맛을 느낄 수 있다.

● **양파즙** ｜ 강판에 곱게 갈은 양파즙은 반찬과 찌개에 향미료로 곁들일 수 있고 고기를 부드럽게 하기도 하며 생선의 비린내와 잡냄새를 없애기도 하는 약방의 감초와 같다.

● **홀 그레인 머스타드** ｜ 홀 그레인 머스타드는 각종 소스에 가장 많이 사용되며 씨겨자가 그대로 들어 있어 씹히는 맛이 색다르다. 일반 머스타드에 비해 약간 신맛이 강하고 겨자향이 있어 요리의 맛이 독특하다.

● **와사비** ｜ 고추냉이를 가공해서 만든 것으로 뿌리를 갈아서 양념으로 사용한다. 초밥을 만들거나 회를 먹을 때 이용되며 톡 쏘는 맛이 있다. 또한, 김치 양념에 와사비를 첨가하면 김치의 보존성을 향상시키고 김치의 신맛을 억제하는 특징이 있다.

● **핫소스** ｜ 톡 쏘는 매운 맛이 나는 소스로, 작고 매운 고추로 만들며 대표적으로 타바스코가 있다. 회나 조개구이의 초고추장에 첨가하거나 핫소스만 찍어 먹어도 좋다.

● **마요네즈** ｜ 마요네즈는 신선한 달걀 노른자에 식물성 기름을 섞어 만든 것으로 부드럽고 고소한 맛이 있어 고기·생선 요리, 샐러드 소스에 많이 사용된다.

● **참치액** | 참치액은 훈연액기스로 간장과 가쓰오부시가 결합한 맛이라고 해야 할까? 나물 무침이나 메밀국수, 우동, 찌개, 매운탕, 미역국 등 다양하게 사용할 수 있어 맛의 깊음이 느껴진다.

● **굴소스** | 굴소스는 생굴을 발효시켜 만든 것으로 간장 대용으로 각종 요리에 두루 쓰이고 양념에도 사용되며 별다른 양념이 첨가되지 않아도 맛을 낼 수 있어 국, 찌개, 소스, 볶음 등에 사용하면 감칠맛이 난다.

● **발사믹 식초** | 포도를 발효시켜 만든 식초로 이탈리아에서 만든 것이다. 샐러드 소스에 많이 이용되며 걸쭉하게 끓여서 음식 데코레이션에도 이용할 수 있어 멋진 요리를 연출할 수 있다.

● **고추기름** | 프라이팬에 식용유와 동량의 고춧가루를 넣고 가장자리가 끓기 시작하면 불을 끄고 체에 키친타월 2장을 겹쳐 깔고 부어서 체에 내린다. 육개장이나 장어구이 등 매콤한 맛을 원할 때 사용한다.

● **레몬즙** | 비타민 C의 함량이 높고 향이 강하며 신맛이 강한 것이 특징이다. 레몬의 과즙은 화장품이나 각종 음료수에도 사용되며 모세혈관을 튼튼하게 하여 고혈압, 동맥경화에 효과가 있다. 소스에 식초와 동량으로 함께 사용하면 상큼함이 더욱 좋다.

맛의 기본 양념 & 소스

Part 1
채소 요리에 맞는 양념 & 소스

김치두부두루치기 양념장

종합장아찌 소스

꽈리고추 · 가지무침 양념장

통배추겉절이 양념장

새송이버섯장조림 소스

피망두부탕수 소스

파채양파겉절이 양념장

부추두부조림 양념장

풋고추돼지고기말이조림 양념장

채소동그랑땡 간장양념장

비름나물무침 양념장

쪽파김치 양념장

영양부추멸치볶음 양념장

시금치두부된장국 양념장

감자소고기국 양념장

부추무침 양념장

얼큰콩나물국 양념장

Part 2
해산물 요리에 맞는 양념 & 소스

오징어새우튀김 간장소스

멸치 · 쥐포조림 양념장

새우베이컨말이쌈 소스

매운꽃게튀김 소스

해물단호박찜 양념장

도미조림 소스

생선크로켓 소스

알탕 양념장

해물모듬냉채 소스

고등어쌈 양념장

코다리조림 양념장

새우춘권피롤튀김 소스

동태찌개 양념장

해물부대찌개 양념장

오징어채볶음 소스

Part 3
고기 요리에 맞는 양념 & 소스

돼지고기채소쌈 소스

육개장 양념장

통통돈가스 소스

소고기낙지전골 양념장

소고기가지냉채 소스

깐풍기 소스

돼지고기등갈비찜 양념장

닭찜구이 소스

갈매기살구이 소스

닭갈비 양념장

돼지고기주물럭 양념장

Part 4
면 요리에 맞는 양념 & 소스

채소쫄면 양념장

잔치국수 양념장

골뱅이쟁반국수 양념장

짬뽕 소스

비빔냉면 양념장

자장면 소스

곤약국수 양념장

버섯비빔국수 소스

쌀국수오이롤 소스

해물잡채 양념장

Part 1
채소 요리에 맞는 양념 & 소스

김치두부 두루치기

만드는 방법

1 배추김치 자르기 배추김치는 속을 털어내고 4cm 길이로 자른다.

2 두부 데치기 두부는 끓는 물에 약간의 소금을 넣고 살짝 데쳐서 가로·세로 5cm, 두께 1cm로 잘라 준비한다.

3 고추 채썰기 붉은 고추와 푸른 고추는 반으로 잘라 씨를 제거하고 4cm 길이로 잘라 가늘게 채썬 뒤 찬물에 담갔다가 물기를 제거하고 준비한다.

4 무순 준비하기 무순은 씻어서 물기를 제거한다.

5 배추김치 볶기 프라이팬이 뜨거워지면 들기름을 두르고 **1**의 잘라둔 배추김치를 볶다가 **양념장**을 넣고 잘 볶아졌으면 깨소금을 넣고 불을 끈다.

6 그릇에 담기 그릇에 데친 두부와 볶은 배추김치를 보기좋게 담고 채썰어 둔 고추와 무순으로 장식한다.

재 료(4인분)

배추김치 300g, 두부 1모(300g), 붉은 고추 1개, 푸른 고추 1개, 무순 적당량, 들기름·깨소금 적당량씩

▪▪▪ 양념장 만들기

설탕, 다진마늘, 다진파, 고운고춧가루를 넣어 양념장을 만든다.

설탕 1작은술, 다진 마늘 1큰술

다진파 1작은술, 고운고춧가루 1작은술

종합 장아찌

만드는 방법

1 **무·오이 썰기** 무는 납작하게 썰고, 오이는 둥글게 썬다.
2 **청양고추 썰기** 청양(매운)고추는 깨끗이 씻어서 송송 썬다.
3 **생강 준비하기** 생강은 깨끗이 씻어서 껍질을 제거하고 납작하게 썬다.
4 **깻잎·양파 준비하기** 깻잎은 씻어서 준비하고, 양파는 4등분으로 썬다.
5 **유리병에 담기** 유리병은 깨끗이 씻어 전자레인지에 살짝 돌려 소독한 뒤 준비된 무, 오이, 청양(매운)고추, 생강, 깻잎, 양파를 차곡차곡 담고 **장아찌 소스**가 끓기 시작하면 5분 정도 더 팔팔 끓여서 뜨거울 때 유리병에 붓는다.
6 **그릇에 담기** 식으면 냉장 보관하고 종류별로 그릇에 담아낸다.

 **재 료**(4인분)

무 1/2개(400g), 오이 2개, 청양(매운)고추 15개, 생강 1톨, 깻잎 10장, 양파 2개

■■■ 장아찌 소스 만들기

냄비에 진간장, 물, 설탕, 식초, 매실액, 소주를 넣고 소스를 만든다.

진간장 3컵, 물 3컵

＋

설탕 2컵, 식초 2컵

＋

매실액 1컵, 소주 1/2컵

꽈리고추 가지 무침

만드는 방법

1 꽈리고추 준비하기　꽈리고추는 꼭지를 따고 깨끗이 씻어 준비한다.

2 가지 준비하기　가지는 씻어서 납작하게 썬다.

3 꽈리고추·가지 밀가루 묻히기　꽈리고추와 가지는 물기가 약간 있는 상태에서 밀가루를 묻힌다.

4 꽈리고추 찌기　밀가루를 묻힌 꽈리고추와 가지는 김이 오른 찜기에서 8분 정도 찐다.

5 고추 다지기　붉은 고추와 푸른 고추는 곱게 다진다.

6 완성하기　쩌낸 꽈리고추와 가지는 뜨거울 때 각각 **양념장**을 나누어 무친다.

7 그릇에 담아내기　무친 꽈리고추와 가지는 그릇에 담고 다져놓은 고추를 뿌린다.

 **재 료**(4인분)

꽈리고추 100g, 가지 1개, 밀가루 적당량, 붉은 고추 1/2개, 푸른 고추 1/2개

■■■ 양념장 만들기

진간장에 국간장을 넣고 다진 고추, 다진 마늘, 고춧가루, 참기름, 통깨를 넣어 양념장을 만든다.

진간장 2큰술, 국간장 1작은술

다진 고추 1큰술씩,
다진 마늘 1작은술, 고춧가루 1큰술

참기름 1작은술, 통깨 1작은술

통배추 겉절이

만드는 방법

1 배추 절이기 배추는 잎을 하나씩 떼어 씻은 뒤 천일염을 뿌려 30분 정도 절인 후 다시 한 번 씻어 물기를 제거한다.

2 양파 설기 양파는 껍질을 벗기고 씻어서 채를 썬다.

3 실파 준비하기 실파는 씻어서 5cm 길이로 자른다.

4 잣 준비하기 잣은 면보로 깨끗이 닦아 준비한다.

5 겉절이 완성하기 큰 볼에 절인 배추를 넣어 **양념장**으로 곱게 물들이고 양파, 실파를 넣어 고루 버무린 뒤 참기름과 통깨를 넣고 마무리한다.

6 그릇에 담기 그릇에 통배추 겉절이를 담고 잣을 뿌려낸다.

재 료(4인분)

배추 1/2포기(천일염 적당량), 양파 1개, 실파 10뿌리, 잣 1큰술, 참기름·통깨 적당량씩

양념장 만들기

1 붉은 고추는 믹서에 갈아 준비한다.
2 나머지 고춧가루, 멸치액젓, 새우젓, 다진 양파, 다진 마늘, 식초, 설탕, 다진 생강을 넣어 양념장을 만든다.

붉은 고추 2개   고춧가루 5큰술, 멸치액젓 1큰술, 새우젓 1큰술

다진 양파 2큰술, 다진 마늘 2큰술, 식초 2큰술

설탕 1큰술, 다진 생강 1작은술

새송이버섯 장조림

만드는 방법

1 **새송이버섯 준비하기** 새송이버섯은 씻어서 준비한다.

2 **소고기 핏물 제거하기** 소고기는 찬물에 30분 정도 담갔다가 체에 밭쳐 핏물을 제거한다.

3 **마늘 준비하기** 마늘은 깨끗이 씻어서 준비한다.

4 **메추리알 삶기** 메추리알은 삶아서 껍질을 제거한다.

5 **소고기 삶기** 진간장을 제외한 나머지 **장조림 소스**와 소고기를 넣어 끓인 다음 **장조림 소스**가 반 정도 줄어 고기가 알맞게 익으면 생강, 통후추, 양파, 건고추, 대파, 다시마는 걸러낸다.

6 **장조림 완성하기** 5에 진간장과 새송이버섯, 마늘, 메추리알, 매실액(또는 물엿)을 넣고 은근히 윤기나게 조려 소고기는 결대로 찢는다.

 **재 료**(4인분)

새송이버섯 10개, 소고기 장조림용 400g, 마늘 5톨, 메추리알 10개

Tip

*소고기는 향채를 넣어 잡냄새를 없애고, 진간장과 매실액은 나중에 넣어야 부드러운 장조림이 된다.

■■■ 장조림 소스 만들기

1 먼저 생강, 통후추, 양파, 건고추, 대파, 다시마, 물을 섞어 새송이버섯 장조림 향채를 준비한다.

2 진간장과 매실액을 준비한다.

생강 1톨, 통후추 1작은술, 양파 1/2개

건고추 2개(송송 썰어서), 대파 1대, 다시마(10×10cm) 1장, 물 5컵

진간장 6큰술, 매실액 3큰술(또는 물엿)

피망 두부 탕수

만드는 방법

1 **두부 준비하기** 두부는 사방 2cm로 잘라 녹말을 묻힌다.

2 **두부 튀기기** 녹말에 묻힌 두부는 170℃에서 노릇하게 튀겨 키친타월에 올려서 기름기를 제거한다.

3 **방울토마토 자르기** 방울토마토는 반으로 자른다.

4 **피망 썰기** 푸른 피망은 가로·세로 2cm로 자른다.

5 **피망두부탕수 완성하기** **탕수 소스**가 끓으면 튀긴 두부와 방울토마토, 피망을 넣어 섞은 뒤 불을 끈다.

6 **그릇에 담기** 완성된 피망두부탕수는 그릇에 예쁘게 담아낸다.

 **재 료(4인분)**

두부 1모, 파인애플링 1개, 방울토마토 5개, 푸른 피망 1/2개, 녹말 적당량, 튀김용 식용유 적당량

■■■ 탕수 소스 만들기

1 냄비에 물, 굴소스, 설탕, 식초를 넣고 끓인다.
2 물녹말로 농도를 맞춘다.

물 1컵, 굴소스 1큰술

설탕 3큰술, 식초 3큰술

물녹말 적당량(물2 : 녹말1 비율)

파채 양파 겉절이

만드는 방법

1 파 채썰기 대파는 5cm 길이로 잘라 칼집을 넣어 속대를 빼고 가늘게 채를 썰어 찬물에 담가 매운맛을 제거한다.

2 양파 채썰기 양파는 가늘게 채를 썬다.

3 꽃상추 씻기 꽃상추는 깨끗이 씻어서 물기를 제거하고 적당하게 뜯어둔다.

4 양념장 넣기 큰 볼에 준비된 파채, 양파채, 꽃상추를 담고 **양념장**을 넣어 살살 버무린다.

5 그릇에 담기 완성된 겉절이를 소담스럽게 담아낸다.

 재 료(4인분)

대파 1대, 양파 1/2개, 꽃상추 5장

■■■ 양념장 만들기

고춧가루에 식초, 설탕을 넣고 소금, 다진 마늘, 참기름, 깨소금을 넣어 겉절이 양념장을 만든다.

고춧가루 1큰술

식초 2큰술, 설탕 1작은술

소금 1/2작은술, 다진 마늘 1큰술

참기름 1작은술, 깨소금 1작은술

부추 두부 조림

만드는 방법

1 부추 손질하기 부추는 깨끗이 다듬어서 씻은 뒤 5cm 길이로 자른다.

2 두부 지지기 두부는 1cm 두께와 3×5cm 길이로 잘라 소금을 뿌리고 프라이팬이 뜨거워지면 식용유를 두르고 노릇하게 지진다.

3 고추 썰기 고추는 5cm 길이로 잘라 가늘게 채를 썬다.

4 멸치국물 준비하기 멸치는 내장을 제거하고 냄비가 뜨거워지면 넣고 볶다가 물을 붓고 끓기 시작하면 중불로 10분 정도 끓이다가 불을 끈다.

5 두부 양념장에 조리기 냄비에 지진 두부를 넣고 **조림 양념장**을 골고루 뿌려준 뒤 멸치국물을 가장자리에 둘러 조리다가 부추와 고추를 넣고 한 번 뒤적여 주고 불을 끈다.

6 그릇에 담기 완성된 부추 두부 조림을 그릇에 모양있게 담아낸다.

 **재 료**(4인분)

부추 50g, 두부(부침용) 1모, 붉은 고추 1개, 푸른 고추 1개, 식용유·소금 적당량씩, 멸치국물 5큰술

Tip

멸치국물 재료 : 다시멸치 10마리, 물 1컵

■■■ 조림 양념장 만들기

굴소스에 진간장, 고춧가루, 다진 마늘, 다진 양파, 참기름을 넣어 조림 양념장을 만든다.

굴소스 1작은술

진간장 1작은술, 고춧가루 1작은술, 다진 마늘 1큰술

다진 양파 1큰술, 참기름 1작은술

풋고추 돼지고기말이 조림

만드는 방법

1 **풋고추 손질하기** 풋고추는 반으로 잘라 펼친 뒤 씨를 제거한다.

2 **돼지고기 양념하기** 돼지고기는 돼지고기양념장에 20분 정도 재운다.

3 **당근·새송이버섯 채썰기** 당근과 새송이버섯은 가늘게 채를 썬다.

4 **우엉 손질하기** 우엉은 어슷하게 썬 뒤 가늘게 채를 썬다.

5 **당근·새송이버섯 볶기** 채썬 당근과 새송이버섯은 각각 프라이팬이 뜨거워지면 식용유를 두르고 볶다가 소금으로 간을 한다.

6 **우엉 조리기** 채썬 우엉은 끓는 물에 10분 정도 삶은 뒤 우엉조림 양념장에 넣고 윤기나게 졸여지면 참기름으로 마무리한다.

7 **풋고추 돼지고기 말이 만들기** 풋고추 속에 밀가루를 바르고 당근, 새송이버섯, 우엉을 넣고 다시 밀가루를 바른 후 양념된 돼지고기로 말아서 데친 미나리로 묶거나 이쑤시개로 고정시킨다.

8 **조림 완성하기** 프라이팬이 뜨거워지면 식용유를 두르고 7의 풋고추 돼지고기 말이를 넣어 노릇하게 굽다가 **조림 양념장**을 넣어 조린다.

9 **그릇에 담기** 완성된 풋고추돼지고기 말이는 식으면 모양내어 자른 뒤 그릇에 담아낸다.

 **재 료**(4인분)

풋고추 12개, 돼지고기 (불고기용) 300g, 당근 1/2개, 새송이버섯 2개, 우엉 1대, 참기름·밀가루·녹말·식용유·소금·미나리 적당량씩

Tip

돼지고기 양념장 : 양파즙 2큰술, 파인애플즙 2큰술, 레드와인 2큰술, 청주 1작은술, 생강즙 1작은술, 소금·후추 약간씩

우엉조림 조림장 : 진간장 2큰술, 물엿 2큰술, 다시마국물 5큰술, 흑설탕 1큰술, 참기름 1작은술

📦 조림 양념장 만들기

진간장에 참치액, 다시마국물, 청주, 물엿, 생강즙을 넣어 조림 양념장을 만든다.

진간장 1큰술

참치액 1큰술, 다시마국물 2큰술, 청주 2큰술

물엿 1큰술, 생강즙 1작은술

채소 동그랑땡

만드는 방법

1 느타리버섯 데치기 느타리버섯은 깨끗이 씻어서 끓는 물에 데쳐 길이로 찢은 뒤 곱게 다진다.

2 부추 다지기 부추는 손질을 한 뒤 깨끗이 씻어서 송송 썬다.

3 참치 기름기 제거하기 참치는 체에 받쳐서 기름기를 제거한 뒤 면보에 싸서 꼭 짠다.

4 양파·당근·호박 다지기 양파·당근·호박은 곱게 다진다.

5 채소 동그랑땡 반죽하기 준비된 느타리버섯, 부추, 참치, 양파, 당근, 호박을 큰 볼에 담고 반죽 재료를 넣어 반죽한다.

6 동그랑땡 부치기 프라이팬이 뜨거워지면 식용유를 두르고 반죽 5를 한 수저씩 올려서 노릇하게 부친다.

7 그릇에 담기 완성된 채소 동그랑땡은 그릇에 담고 **간장 양념장**을 곁들여 낸다.

 **재 료**(4인분)

느타리버섯 100g, 부추 50g, 참치 1/2캔, 양파 1/2개, 당근 1/3개, 호박 1/3개, 식용유 적당량

Tip

반죽 재료 : 달걀 4개, 소금 1/2작은술, 후추 약간, 참기름 1큰술

■■■ 간장 양념장 만들기

진간장에 국간장, 고춧가루, 실파, 다진 마늘, 소주, 통깨, 참기름을 넣어 양념장을 만든다.

진간장 3큰술, 국간장 1큰술

고춧가루 1큰술, 송송 썬 실파 1큰술, 다진 마늘 1큰술

소주 1큰술, 통깨 1큰술, 참기름 1큰술

비름나물 무침

만드는 방법

1 나물 손질하기 비름나물은 억센 줄기는 제거하고 깨끗이 씻어서 준비한다.

2 비름나물 데치기 냄비에 물을 붓고 끓으면 약간의 소금과 비름나물을 넣어 데쳐서 찬물에 헹군 뒤 물기를 제거한다.

3 고추 다지기 고추는 반으로 갈라 씨를 제거하고 적당하게 다진다.

4 나물 무치기 볼에 준비된 비름나물을 넣고 **양념장**으로 조물조물 무친다.

5 그릇에 담아내기 완성된 비름나물 무침을 그릇에 담고 다져 놓은 고추를 뿌려낸다.

 **재 료**(4인분)

비름나물 200g, 붉은 고추 1/2개, 푸른 고추 1/2개, 소금 약간

■■■ **양념장 만들기**

된장에 다진 마늘, 고춧가루, 참기름, 깨소금을 넣어 양념장을 만든다.

된장 1큰술

다진 마늘 1큰술, 고춧가루 1작은술

참기름 1작은술, 깨소금 1작은술

쪽파 김치

만드는 방법

1 쪽파 손질하기   쪽파는 껍질을 벗기고 깨끗이 씻어 물기를 제거한다.

2 양파 채썰기   양파는 껍질을 벗기고 씻어서 가늘게 채를 썬다.

3 쪽파 양념하기   김치통에 쪽파를 깔고 **양념장**을 바른 후 양파와 통깨 뿌리고 또 쪽파를 깔고 **양념장**을 바른 후 양파와 통깨를 뿌린다. 켜켜이 반복해서 담아 간이 배이고 맛이 들면 먹는다.

 **재 료**(4인분)

쪽파 1단(400g), 양파 1개, 통깨 적당량

■■■ **양념장 만들기**

까나리액젓에 고춧가루, 다진 생강, 설탕, 물엿을 넣어 양념장을 만든다.

까나리액젓 1컵

고춧가루 1컵, 다진 생강 1작은술

설탕 1/2큰술, 물엿 1큰술

영양부추 멸치볶음

만드는 방법

1 영양부추 손질하기　영양부추는 다듬어서 깨끗이 씻은 후 5cm 길이로 자른다.

2 볶음멸치 손질하기　볶음멸치는 잡티를 제거하여 준비한다.

3 고추 채썰기　붉은 고추는 반으로 잘라 씨를 제거하고 5cm 길이로 잘라 가늘게 채를 썬다.

4 영양부추 멸치볶음 완성하기　프라이팬이 뜨거워지면 들기름을 두르고 멸치를 충분히 볶아준다. 멸치가 볶아지면 **양념장**을 넣어 다시 볶다가 영양부추와 붉은 고추를 넣고 불을 끈 뒤 참기름과 통깨를 넣고 섞어 준다.

 재 료(4인분)

영양부추 1단, 볶음멸치 100g, 붉은 고추 1개, 들기름 2큰술, 통깨 1큰술, 참기름 1큰술

■■■ 양념장 만들기

진간장에 참치액, 매실액, 물엿, 후추를 넣어 양념장을 만든다.

 ＋  ＋

진간장 1큰술　　　　참치액 1큰술, 매실액 2큰술　　　　물엿 1큰술, 후추 약간

감자 소고기국

만드는 방법

1 감자 썰기 감자는 껍질을 벗기고 씻어서 반달썰기를 한다.

2 소고기국물 만들기 냄비에 물을 붓고 얇게 썬 소고기를 넣은 뒤 끓여서 국물을 만든다.

3 대파 썰기 대파는 껍질을 벗기고 씻어서 어슷하게 썬다.

4 고추 썰기 붉은 고추와 푸른 고추는 어슷하게 썬다.

5 당면 불리기 당면은 미지근한 물에 담가 1시간 정도 불린다.

6 국 끓이기 **2**의 소고기국물이 끓으면 **양념장**을 풀고 감자를 넣어 끓인다. 감자가 익으면 당면을 넣고 당면이 부드럽게 되면 썰어 둔 대파와 고추를 넣고 불을 끈다.

**재 료(4인분)**

감자 2개, 소고기(얇게 썬 양지머리) 200g, 물 4컵, 대파 1대, 붉은 고추 1개, 푸른 고추 1개, 당면 50g

▪▪▪ 양념장 만들기

고추장에 된장, 다진 마늘, 천일염을 넣어 양념장을 만든다.

고추장 2큰술, 된장 1작은술   다진 마늘 1큰술, 천일염 약간

부추무침

만드는 방법

1 부추 데치기   부추는 잡티를 제거하고 깨끗이 씻은 후 끓는 물에 약간의 소금을 넣고 데쳐 찬물에 빠르게 헹궈 물기를 제거하고 5cm 길이로 자른다.

2 고추 썰기   고추는 5cm 길이로 잘라 가늘게 채를 썬다.

3 부추 무치기   볼에 데친 부추와 고추를 넣고 **양념장**으로 조물조물 문혀 접시에 담아낸다.

 **재 료**(4인분)

부추 200g (소금 약간), 붉은 고추 2개

■■■ 양념장 만들기

참치액에 고춧가루, 설탕, 매실액, 깨소금, 참기름을 넣어 양념장을 만든다.

 +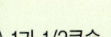

참치액(또는 진간장) 1과 1/2큰술

고춧가루 1큰술, 설탕 1/2작은술,
매실액(또는 물엿) 1큰술

깨소금 1작은술, 참기름 1작은술

얼큰콩나물국

만드는 방법

1 콩나물 손질하기   콩나물은 꼬리를 따고 깨끗이 씻어서 준비한다.

2 조갯살 씻기   조갯살은 소금물에 씻어 준비한다.

3 고추·대파 썰기   고추와 대파는 송송 썬다.

4 멸치다시마국물 만들기   냄비가 뜨거워지면 내장을 제거한 멸치를 볶다가 물, 다시마, 대파를 넣고 10분 정도 끓여서 면보에 걸러 멸치다시마국물을 만든다.

5 콩나물국 끓이기   멸치다시마국물이 끓으면 씻어둔 콩나물을 넣고 한소끔 끓인 후 조갯살과 **얼큰 양념장**을 넣어 맛을 낸 뒤 고추와 대파를 넣고 불을 끈다.

 재 료 (4인분)

콩나물 100g, 조갯살 50g, 붉은 고추 1개, 청양(매운)고추 1개, 대파 1/2대, 멸치다시마국물 3컵

Tip

멸치다시마국물 재료 : 다시멸치 10마리, 물 4컵, 다시마(10×10cm) 1장, 대파 1/2대

🟩🟨🟦 얼큰 양념장 만들기

고춧가루에 다진 마늘, 천일염, 멸치다시마국물을 넣어 골고루 섞어 얼큰 양념장을 만든다.

 ➕  ➕

고춧가루 1/2큰술   다진 마늘 1큰술, 천일염(굵은 소금) 약간   멸치다시마국물 2큰술

Part 2
해산물 요리에 맞는 양념 & 소스

오징어새우 튀김

만드는 방법

1 오징어 손질하기 오징어는 내장을 제거하고 몸통은 둥근 모양으로 자르고 다리는 5cm 길이로 자른다.

2 새우 손질하기 새우는 이쑤시개로 등 쪽을 찔러 내장을 제거하고 꼬리와 한 마디만 남기고 나머지 껍질을 벗긴다.

3 양파 썰기 양파는 둥글게 썰어 하나씩 분리한다.

4 피망 썰기 피망은 씨를 제거하고 둥글게 썰어 준비한다.

5 튀김옷 만들기 물에 달걀노른자를 풀고 소금, 밀가루, 녹말을 넣고 유자청, 참기름, 실파를 넣어 튀김옷을 준비한다.

6 준비된 재료 튀기기 준비된 오징어, 새우, 양파, 피망은 튀김옷을 입혀 170℃에서 바삭하게 튀긴다.

7 그릇에 담아내기 그릇에 오징어새우 튀김을 모양 있게 담고 **간장 소스**를 곁들여 낸다.

 **재 료**(4인분)

오징어 1마리, 새우 10마리, 양파 1/2개, 푸른 피망 1/2개, 튀김용 식용유 적당량

> **Tip**
>
> **튀김옷** : 물 1/2컵, 달걀노른자 1개, 소금 1/2작은술, 밀가루 1/2컵, 녹말 2큰술, 유자청 1큰술, 참기름 1작은술, 송송 썬 실파 2큰술

■■■ 간장 소스 만들기

다시마국물에 진간장, 식초, 설탕을 넣어 간장 소스를 만든다.

다시마국물 2큰술

진간장 1큰술

식초 1큰술, 설탕 1작은술

멸치쥐포조림

만드는 방법

1 멸치 손질하기   멸치는 대가리와 내장을 제거하여 프라이팬에 볶아서 비린내를 제거한다.

2 쥐포 굽기   쥐포는 불에 노릇하게 구워서 가늘게 찢는다.

3 실파 썰기   실파는 껍질을 벗기고 씻어서 송송 썰어 둔다.

4 멸치와 쥐포 볶기   프라이팬에 **조림 양념장**을 넣고 끓으면 멸치와 쥐포를 넣고 볶다가 불을 끄고 송송 썬 실파와 참기름, 통깨를 넣어 마무리한다.

 **재 료**(4인분)

중간멸치 100g, 쥐포 4장, 실파 3뿌리, 참기름 1작은술, 통깨 1큰술

■■■ 조림 양념장 만들기

고추장에 진간장, 물, 물엿, 다진 마늘, 생강즙을 넣어 조림 양념장을 만든다.

고추장 4큰술

진간장 1큰술, 물 4큰술, 물엿 2큰술

다진 마늘 1작은술, 생강즙 1작은술

새우 베이컨말이 쌈

만드는 방법

1 새우 손질하기 새우는 등 쪽에 이쑤시개로 찔러 내장을 제거하고 꼬리와 껍질 한 마디를 남기고 나머지 껍질은 벗긴다.

2 베이컨·가래떡 준비하기 베이컨은 1/2로 잘라두고, 가래떡은 4cm 길이로 자른다.

3 청오이 썰기 청오이는 20cm 길이로 자르고 길이대로 가늘게 썬다.(감자 깎는 칼로 하면 쉽게 할 수 있다.)

4 새우·가래떡 베이컨에 말기 새우와 가래떡은 베이컨으로 돌돌 말아 준다. 끝은 밀가루를 발라 고정시킨다.

5 오이 소스에 절이기 준비된 **3**의 오이를 그릇에 담고 **소스**를 부어서 맛이 스며들게 한다.

6 새우와 가래떡 굽기 예열된 오븐에 180℃의 온도에서 **4**의 새우와 가래떡을 8분 정도 노릇노릇하게 굽는다.

7 새우 베이컨말이 쌈 완성하기 **6**의 새우·가래떡 구이가 어느 정도 식으면 **5**의 오이로 돌돌 말아 그릇에 담아낸다.

 **재 료**(4인분)

새우 15마리, 베이컨 10장, 가래떡 10개, 청오이 1개, 밀가루 적당량

■■■ 소스 만들기

식초에 설탕과 소금을 넣어 잘 녹여주고 후추, 매실액, 와사비, 레몬즙을 넣어 소스를 만든다.

식초 5큰술, 설탕 5큰술, 소금 1/2작은술

후추 약간, 매실액 3큰술

와사비 1작은술, 레몬즙 3큰술

매운 꽃게 튀김

만드는 방법

1 꽃게 손질하기 꽃게는 솔로 문질러 깨끗이 씻은 후 뚜껑을 떼고 반으로 자른다.

2 브로콜리 데치기 브로콜리는 가닥가닥 떼어서 깨끗이 씻은 후 끓는 물에 약간의 소금을 넣고 데쳐서 식힌다.

3 양파·파프리카·청양고추 썰기 양파와 파프리카는 가로·세로 2cm로 네모지게 썰고, 청양고추는 가위로 듬성듬성 자른다.

4 생강·마늘 썰기 생강과 마늘은 납작하게 편으로 썬다.

5 꽃게 튀기기 잘라 놓은 꽃게는 녹말에 묻혀 170℃에서 바삭하게 두 번 튀긴다.

6 꽃게 튀김 완성하기 냄비에 약간의 식용유를 두르고 청양(매운)고추, 생강, 마늘로 향을 낸 뒤 준비된 **소스**를 넣고 끓으면 물녹말로 농도 맞추고 양파, 파프리카와 데쳐 둔 브로콜리를 넣고 후추와 참기름으로 마무리한다.

7 그릇에 담아내기 그릇에 튀겨 놓은 꽃게를 담고 완성된 **소스**를 끼얹어 낸다.

재 료 (4인분)

꽃게 5마리, 브로콜리 50g, 양파 1/2개, 노란 파프리카 1/2개, 푸른 파프리카 1/2개, 마른 청양(매운)고추 4개, 생강 1톨, 마늘 3톨, 소금 약간, 녹말·튀김용 식용유 적당량씩, 물녹말(물2:녹말1) 적당량, 후추 약간, 참기름 1작은술

■■■ 소스 만들기

다시마국물에 굴소스, 진간장, 소금, 물엿, 설탕, 매실액을 넣어 소스를 만든다.

다시마국물 1컵

굴소스 1큰술, 진간장 1큰술, 소금 1/2작은술

물엿 1큰술, 설탕 1작은술, 매실액 3큰술

해물 단호박찜

만드는 방법

1 단호박 손질하기　단호박은 반으로 잘라 씨를 제거한 뒤 김이 오른 찜기에 12분 정도 찐다.

2 새우 · 쭈꾸미 손질하기　새우는 껍질을 벗겨 반으로 저미고, 쭈꾸미는 5cm 길이로 자른다.

3 조갯살 손질하기　조갯살은 소금물에 씻어 둔다.

4 양파 · 파프리카 썰기　양파와 파프리카는 삼각형 모양으로 썬다.

5 양념하기　준비된 새우, 쭈꾸미, 조갯살, 양파, 파프리카를 모두 섞어 **양념장**으로 20분 정도 재운다.

6 굽기　양념장에 재운 **5**는 오븐 250℃에서 15분 정도 굽거나 프라이팬에서 굽는다.

7 찜 완성하기　찜을 한 단호박에 오븐에서 구운 해물찜을 담아 통깨를 뿌려낸다.

 **재 료**(4인분)

단호박 1통, 새우 10마리, 쭈꾸미 4마리, 조갯살 200g, 양파 1개, 푸른 파프리카 1개, 밀가루 · 통깨 · 소금 적당량씩

■■■ 양념장 만들기

고추장에 고춧가루, 진간장, 다진 마늘, 다진 생강, 꿀, 물엿, 마요네즈, 핫소스, 참기름을 골고루 섞어 양념장을 만든다.

고추장 5큰술, 고춧가루 5큰술, 진간장 1큰술

다진 마늘 2큰술, 다진 생강 1작은술, 꿀 2큰술, 물엿 1큰술

마요네즈 2큰술, 핫소스 1큰술, 참기름 1큰술

도미조림

만드는 방법

1 **도미 손질하기** 도미는 비늘을 벗기고 내장과 지느러미를 깨끗이 제거한 후 토막을 낸다.

2 **우엉 손질하기** 우엉은 칼등으로 껍질을 벗기고 5cm 길이로 잘라 반으로 가른 후 식촛물에 담가 갈변을 방지한다.

3 **무 썰기** 무는 5cm 길이, 2cm 폭으로 자른다.

4 **꽈리고추 손질하기** 꽈리고추는 꼭지를 따고 칼끝으로 양념이 잘 배게 두 군데 정도 칼집을 낸다.

5 **생강 채썰기** 생강은 가늘게 채를 썰어 찬물에 담가 전분질과 매운맛을 제거한다.

6 **도미 조리기** 냄비에 도미와 우엉, 무를 넣고 **소스**를 부어 센 불에서 끓으면 중불로 낮추어 **소스**를 끼얹어 가면서 은근히 졸이다가 **소스**가 5큰술 정도 남으면 꽈리고추를 넣고 꽈리고추에 소스가 배이면 불을 끈다.

7 **그릇에 담기** 그릇에 조린 도미와 우엉, 무, 꽈리고추를 담은 후 남은 **소스**를 끼얹어 주고 생강채와 허브잎을 올려준다.

 **재료**(4인분)

도미 1마리, 우엉 1뿌리(식초 2큰술), 무 50g, 꽈리고추 10개, 생강 3톨, 허브잎 약간

■■■ 소스 만들기

다시마국물에 청주, 진간장, 설탕, 꿀을 넣어 소스를 만든다.

다시마국물 1컵

청주 1컵, 진간장 1/2컵

설탕 3큰술, 꿀 2큰술

생선 크로켓

만드는 방법

1 동태살 삶기 우유에 약간의 소금을 첨가하여 동태살을 넣고 삶아 체에 밭쳐 수분을 제거하고 곱게 다진다.

2 새우 손질하기 새우는 껍질을 벗기고 곱게 다진다.

3 감자 삶기 감자는 잠길 정도의 물과 약간의 소금을 넣어 삶아서 뜨거울 때 버터를 넣어 함께 으깬다.

4 양파·피망 다지기 양파와 피망은 곱게 다진다.

5 새우와 양파 볶기 프라이팬이 뜨거워지면 약간의 식용유를 두르고 양파를 볶다가 다진 새우를 넣어 볶아 소금으로 간한다.

6 크로켓 만들기 준비된 동태살, 새우, 감자, 양파, 피망을 골고루 섞어 둥글게 빚어 녹말, 달걀물, 빵가루를 순서대로 입혀 170℃에서 노릇노릇하게 튀긴다.

7 그릇에 담아내기 그릇에 생선크로켓을 담고 **소스**를 뿌리거나 곁들여 낸다.

 **재 료**(4인분)

동태살 100g(우유 1/2컵(100ml), 소금 약간), 새우 10마리, 감자 3개(소금 약간, 버터 1큰술), 양파 1/2개, 푸른 피망 1/2개, 달걀 2개, 튀김용 식용유 · 녹말 · 빵가루 적당량씩

크로켓 소스 만들기

마요네즈에 홀그레인 머스터드, 레몬즙, 연유, 꿀, 식초, 다진 피클, 다진 양파, 소금을 넣어 소스를 만든다.

마요네즈 5큰술, 홀그레인 머스타드 1큰술, 레몬즙 1큰술

연유 1큰술, 꿀 1큰술, 식초 1큰술

다진 피클 2큰술, 다진 양파 1큰술, 소금 약간

알 탕

만드는 방법

1 동태알 손질하기 동태알은 소금물에 씻어서 준비한다.

2 콩나물 손질하기 콩나물은 머리와 꼬리를 제거하여 깨끗이 씻는다.

3 무 썰기 무는 납작하게 썬다.

4 미나리·고추 썰기 미나리는 5cm 길이로 자르고, 고추는 어슷하게 썬다.

5 대파 썰기 대파는 반으로 갈라 5cm 길이로 자른다.

6 쑥갓 손질하기 쑥갓은 깨끗이 씻어서 모양대로 뜯어 둔다.

7 다시마국물 만들기 물에 다시마 한쪽을 넣고 끓으면 중불로 낮추어 10분 정도 더 끓여 다시마국물을 만든다.

8 알탕 끓이기 냄비에 동태알과 콩나물, 무를 깔고 다시마국물을 부어 센 불에서 끓으면 **양념장**을 풀고 중간불로 낮추어 끓이다가 맛이 우러나면 미나리, 고추, 대파, 쑥갓을 넣고 불을 끈다.

재 료(4인분)

동태알 200g, 콩나물 100g, 무 100g, 미나리 30g, 붉은 고추 1개, 대파 1대, 쑥갓 약간, 다시마국물(또는 물) 4컵

■■■ 양념장 만들기

고춧가루에 생강즙, 참치액, 다진 마늘, 후추, 천일염을 넣어 잘 섞어 알탕 양념장을 만든다.

고춧가루 2큰술, 생강즙 1작은술

참치액(또는 간장) 1큰술, 다진 마늘 1큰술

후추·천일염(굵은 소금) 약간씩

해물 모듬 냉채

만드는 방법

1 **오징어 손질하기** 오징어는 껍질을 벗기고 배 쪽에 솔방울 모양의 칼집을 넣어 삼각형 모양으로 잘라 끓는 물에 약간의 소금을 넣고 데쳐서 식힌다.

2 **새우 익히기** 새우는 등 쪽에 이쑤시개로 찔러 내장을 제거하고 끓는 물에 약간의 소금을 넣은 후 익혀 식으면 껍질을 제거하여 반으로 저민다.

3 **패주 데치기** 패주는 끓는 물에 약간의 소금을 넣고 데쳐서 저민다.

4 **해물에 레몬즙 뿌리기** 준비된 오징어, 새우, 패주에 신선도를 위해 레몬즙을 뿌려둔다.

5 **오이 썰기** 오이는 소금으로 문질러 씻은 후 반으로 잘라 어슷하게 썬다.

6 **배 썰기** 배는 껍질을 벗기고 납작하게 썬다.

7 **접시에 담기** 접시에 해물과 오이, 배를 돌려 담고 **냉채 소스**를 끼얹거나 곁들여서 낸다.

 **재료**(4인분)

오징어 1마리, 새우 10마리, 패주 2개, 오이 1개, 배 1/2개, 레몬즙 약간, 소금 약간

■■■ 냉채 소스 만들기

식초에 설탕을 넣어 잘 녹여 주고 레몬즙, 연유, 땅콩버터, 연겨자, 소금을 넣어 냉채 소스를 만든다.

식초 2큰술, 설탕 2큰술

레몬즙 2큰술, 연유 1큰술, 땅콩버터 1큰술

연겨자 1작은술, 소금 약간

고등어 쌈장

만드는 방법

1 고등어 손질하기 고등어는 뼈를 제거하고 사방 1cm 크기로 잘라 밑간으로 20분 정도 재운 다음 녹말을 묻힌 후 프라이팬이 뜨거워지면 약간의 포도씨유를 두르고 고등어를 굽는다.

2 무 썰기 무는 얇게 썰어 둔다.

3 양파 · 애호박 다지기 양파와 애호박은 굵게 다진다.

4 고추 · 대파 썰기 고추와 대파는 송송 썬다.

5 쌈채소 준비하기 각종 쌈채소는 씻어서 준비한다.

6 고등어 쌈장 완성하기 냄비에 **양념장**을 넣고 무와 고등어를 넣어 끓이다가 고등어가 익으면 양파, 애호박, 고추, 대파를 넣고 끓여서 완성한다.

7 담아내기 그릇에 고등어 쌈장을 담고 각종 쌈채소와 함께 낸다.

 **재 료**(4인분)

고등어 1/2마리(녹말 적당량), 무 50g, 양파 1/2개, 애호박 1/3개, 붉은 고추 1개, 푸른 고추 1개, 대파 1대, 각종 쌈채소 적당량, 포도씨유 약간, 통깨 약간

Tip

고등어 밑간 : 청주 1큰술, 생강즙 1큰술, 들기름 1큰술, 소금 약간, 후추 약간

■■■ 양념장 만들기

멸치국물에 된장, 고추장, 고춧가루, 새우젓, 다진 마늘을 섞어 양념장을 만든다.

멸치국물 1/2컵

된장 2큰술, 고추장 2큰술, 고춧가루 1큰술

새우젓 1작은술, 다진 마늘 2큰술

PART 2 · 해산물 요리에 맞는 양념 & 소스

코다리 조림

만드는 방법

1 코다리 손질하기 코다리는 머리, 지느러미와 뼈를 제거하여 깨끗이 씻은 후 한입 크기로 토막을 낸다.

2 코다리 밑간하기 코다리 밑간에 잘라 둔 코다리를 넣어 20분 정도 재운다.

3 코다리국물 만들기 코다리 머리와 뼈로 국물을 만든다.

4 마늘·실파 썰기 마늘은 편으로 썰고, 실파는 송송 썬다.

5 코다리 굽기 프라이팬이 뜨거워지면 고추기름을 두르고 마늘로 향을 낸 뒤 코다리를 넣어 노릇하게 익힌다.

6 코다리 조리기 냄비에 분량의 **조림 양념장**을 넣고 끓으면 코다리를 넣어 약한 불에서 윤기 나게 조리다가 코다리가 다 익으면 참기름을 넣고 마무리한다.

7 그릇에 담기 그릇에 코다리 조림을 담고 송송 썬 실파와 다진 땅콩을 뿌려낸다.

 **재 료**(4인분)

코다리 2마리, 마늘 5톨, 실파 3뿌리, 다진 땅콩 2큰술, 고추기름 3큰술, 참기름 약간

Tip

코다리 밑간 : 양파즙 1큰술, 참기름 1큰술, 소금·후추 약간씩

코다리국물 재료 : 코다리 머리·뼈 적당량씩, 물 2컵

▪▪▪ 조림 양념장 만들기

코다리국물에 진간장, 설탕, 매실액, 청주, 고추장, 고춧가루를 넣어 조림 양념장을 만든다.

코다리국물 1/2컵

진간장 1큰술, 설탕 1큰술, 매실액 1큰술

청주 1큰술, 고추장 2큰술, 고춧가루 2큰술

새우 춘권피롤 튀김

만드는 방법

1 새우 손질하기   새우는 등 쪽에 이쑤시개로 찔러 내장을 제거하고 마디 하나와 꼬리를 남기고 나머지 껍질을 벗긴다.

2 새우국물 만들기   물에 새우의 머리와 껍질, 양파를 넣고 끓여서 새우국물을 만든다.

3 춘권피 썰기   춘권피를 돌돌 말아서 가늘게 채를 썬다.

4 어린채소 씻기   어린채소는 깨끗이 씻어서 물기를 제거한다.

5 새우에 춘권피 말기   새우에 녹말과 달걀흰자를 묻히고 춘권피로 돌돌 말아 170℃에서 노릇하게 튀긴다.

＊녹말은 기름이 튀는 것을 방지하고 달걀흰자는 춘권피를 잘 붙게 한다.

6 그릇에 담기   그릇에 새우 춘권피롤 튀김과 어린채소를 담고 **소스**를 곁들여 낸다.

재 료(4인분)

새우 15마리, 춘권피 4장, 어린채소 · 식용유 · 녹말 적당량씩, 달걀흰자 한 개 분량

Tip

새우국물 재료 : 새우머리 · 껍질 적당량씩, 양파 1쪽, 물 1컵

■■■ 튀김 소스 만들기

새우국물에 진간장, 식초, 레몬즙, 와사비, 꿀, 매실액, 소금, 후추를 넣어 튀김 소스를 만든다.

새우국물 4큰술, 진간장 2큰술, 식초 1큰술

＋

레몬즙 1큰술, 와사비 1큰술, 꿀 1큰술

＋

매실액 1큰술, 소금 약간, 후추 약간

동태찌개

만드는 방법

1 동태 손질하기 동태는 지느러미와 꼬리를 제거하고 토막내어 깨 끗이 씻는다.

2 바지락 해감하기 바지락은 소금물에 담가 해감시킨다.

3 콩나물 손질하기 콩나물은 꼬리를 제거하여 씻어 둔다.

4 무 · 대파 · 청양고추 썰기 무는 가로 · 세로 3cm 길이로 납작하게 썰고, 대파와 고추는 어슷하게 썬다.

5 두부 썰기 두부는 가로 · 세로 4cm 길이로 납작하게 썬다.

6 미나리 · 쑥갓 손질하기 미나리와 쑥갓은 씻어서 5cm 길이로 자른다.

7 북어국물 만들기 냄비에 국물 재료를 넣어 북어국물을 만든다.

8 동태찌개 끓이기 냄비에 북어국물과 무를 넣고 끓이다가 **양념장**을 풀고 동태, 콩나물을 넣고 끓인다. 동태가 거의 익으면 바지락, 두부를 넣고 끓이다가 대파, 청양(매운)고추, 미나리, 쑥갓을 넣고 마무리한다.

 **재 료(4인분)**

동태 1마리, 바지락 1컵(200g), 콩나물 100g, 무 50g, 대파 1대, 청양(매운)고추 2개, 두부 1/4모, 미나리 30g, 쑥갓 30g, 북어국물 4컵, 소금 약간

Tip

북어국물 재료 : 북어 1/2마리, 양파 1/2개, 다시마(10×10cm) 1장, 통후추 1작은술, 대파 1/2뿌리, 생강 1톨, 통마늘 4톨, 물 6컵

■■■ 양념장 만들기

고추장, 된장에 고춧가루, 천일염, 다진마늘, 생강즙, 청주를 넣어 양념장을 만든다.

고추장 1작은술, 된장 1작은술

고춧가루 3큰술, 천일염 1큰술, 다진 마늘 1큰술

생강즙 1작은술, 청주 1큰술

해물 부대찌개

만드는 방법

1 **오징어 · 바지락 준비하기** 오징어는 5cm 길이로 자르고, 바지락은 소금물에 담가 해감한다.

2 **새우 · 홍합 준비하기** 새우는 내장을 제거하고, 홍합은 수염을 제거하고 깨끗이 씻어서 준비한다.

3 **소시지 · 스팸 썰기** 소시지는 어슷하게 썰고, 스팸은 납작하게 썬다.

4 **김치 썰기** 김치는 채를 썬다.

5 **콩나물 · 양파 손질하기** 콩나물은 꼬리를 따고, 양파는 채를 썬다.

6 **느타리버섯 · 미나리 · 대파 손질하기** 느타리버섯은 반으로 찢고, 미나리는 5cm 길이로 자르고, 대파는 어슷하게 썬다.

7 **해물 부대찌개 끓이기** 준비된 재료(오징어, 바지락, 새우, 홍합, 소시지, 스팸, 김치, 콩나물, 양파, 느타리버섯, 불린 당면)를 돌려 담고 다시다국물과 **양념장**을 넣고 끓이다가 미나리, 대파를 넣어 마무리한다.

재 료(4인분)

오징어 1/2마리, 바지락 100g(소금 약간), 새우 6마리, 홍합 200g, 소시지 3개, 스팸 1통(200g), 김치 50g, 콩나물 50g, 양파 1/2개, 느타리버섯 50g, 미나리 50g, 대파 1대, 불린 당면 약간, 다시다국물 5컵

■■■ **양념장 만들기**

고춧가루, 고추장, 청주, 생강즙, 다진 마늘, 국간장, 후추, 천일염을 섞어 찌개 양념장을 만든다.

고춧가루 2큰술, 고추장 1큰술

청주 1큰술, 생강즙 1/2작은술,
다진 마늘 1큰술

국간장 1작은술, 후추 약간, 천일염 약간

오징어채 볶음

만드는 방법

1 오징어채 손질하기   오징어채는 잡티를 제거하고 물에 살짝 씻어 물기를 제거한 뒤 적당하게 자른다.

2 실파 썰기   실파는 껍질을 벗겨 씻어서 송송 썬다.

3 붉은 고추 썰기   붉은 고추는 송송 썰어서 준비한다.

4 오징어채 볶기   프라이팬이 뜨거워지면 고추기름을 넣고 약한 불에서 오징어채를 볶다가 **소스** 1큰술을 넣고 조금 더 볶아 색이 골고루 들면 송송 썬 실파와 고추, 참기름, 통깨로 마무리한다.

 **재 료**(4인분)

오징어채 100g, 실파 2뿌리, 붉은 고추 1개, 고추기름 2큰술, 참기름 약간, 통깨 약간

■■■ 소스 만들기

냄비에 진간장, 설탕, 물, 다진 마늘, 생강즙, 물엿을 넣어 소스를 만든다.

진간장 3큰술, 설탕 1큰술

물 1큰술, 다진 마늘 1작은술

생강즙 1작은술, 물엿 1큰술

Part 3
고기 요리에 맞는 양념 & 소스

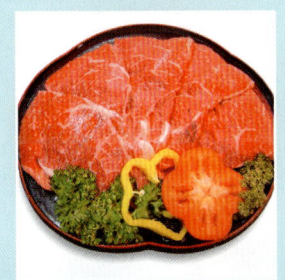

돼지고기 채소쌈

만드는 방법

1 돼지고기 삶기 냄비에 물을 넉넉히 붓고 수육 향채(양파, 대파, 통후추, 된장, 통마늘, 생강, 계핏가루, 천일염)를 넣고 끓으면 돼지고기를 넣는다.

＊젓가락으로 여러 번 찔러 익을 때까지 삶는다.

＊물이 끓을 때 돼지고기를 넣어야 육즙이 빠져나오지 않아 맛있게 먹을 수 있다.

2 채소 준비하기 어린채소는 깨끗이 씻어 준비한다.

3 돼지고기 썰기 삶아 놓은 돼지고기는 한입 크기로 썰어 둔다.

4 그릇에 담기 그릇에 삶은 돼지고기와 어린채소를 골고루 담고 **소스**를 곁들여 낸다.

 **재 료**(4인분)

돼지고기(삼겹살 덩어리) 600g, 어린 채소 100g

Tip

돼지고기 수육 향채 : 양파 1/2개, 대파 1대, 통후추 1작은술, 된장 1큰술, 통마늘 4톨, 생강 1톨, 계피 가루 1/2작은술, 천일염 1작은술

■■■ **소스 만들기**

유자청에 다진 마늘, 연겨자, 식초, 레몬즙, 소금을 넣어 소스를 만든다.

유자청 5큰술

다진 마늘 1작은술, 연겨자 1작은술, 식초 2큰술

레몬즙 2큰술, 소금 1/2작은술

육개장

만드는 방법

1 소고기국물 만들기   고기는 물을 넉넉히 넣은 후 파와 마늘을 넣어 푹 끓인 다음 고기는 찢고 국물은 따로 준비한다.

2 숙주 다듬기   숙주는 꼬리를 다듬는다.

3 느타리버섯 준비하기   느타리버섯은 가늘게 찢어서 준비한다.

4 고사리 · 토란대 준비하기   고사리는 질긴 부분을 제거하고, 토란대는 미지근한 물에 불린다.

5 양파 · 대파 썰기   양파는 채를 썰고, 대파는 반으로 갈라 5cm 길이로 자른다.

7 육개장 끓이기   냄비가 뜨거워지면 식용유와 들기름을 두르고 준비된 **양념장**을 볶아 매운맛을 내고 소고기국물과 소고기, 숙주, 느타리버섯, 고사리, 토란대, 양파를 넣고 끓인다. 어느 정도 맛이 나면 대파를 넣어 마무리한다.

재 료(4인분)

소고기(양지머리) 500g(대파 1대, 마늘 4톨), 숙주 100g, 느타리버섯 50g, 고사리 100g, 토란대 50g, 양파 1/2개, 대파 2대, 소고기국물 6컵, 식용유 2큰술, 들기름 1작은술

■■■ **양념장 만들기**

국간장, 고춧가루, 다진 마늘, 다진 파, 생강즙, 후추, 천일염을 넣어 양념장을 만든다.

국간장 1큰술, 고춧가루 3큰술

다진 마늘 2큰술, 다진 파 1큰술, 생강즙 1/2작은술

후추 · 천일염 약간

통통 돈가스

만드는 방법

1 돼지고기 밑간하기 얇게 썬 돼지고기는 양파즙, 소금, 후추를 뿌려 밑간한다.

2 피망 썰기 피망은 길이대로 채를 썬다.

3 당근·양파 채썰기 당근과 양파는 채를 썬다.

4 통통돈가스 만들기 돼지고기에 밀가루를 바르고 피망, 당근, 양파, 피자치즈를 넣고 돌돌 말아준다.

5 돈가스 튀기기 돌돌 말아 놓은 돈가스를 밀가루 → 달걀 → 빵가루 순으로 묻혀서 170℃에서 튀긴다.

6 담아 내기 접시에 돈가스를 썰어서 담고 **소스**를 뿌리거나 곁들여 낸다.

 **재 료**(4인분)

돼지고기(엉덩이살) 400g (밑간 : 양파즙, 소금·후추 약간씩), 푸른 피망 1개, 붉은 피망 1개, 당근 1/3개, 양파 1/2개, 빵가루 200g, 피자치즈 200g, 버터 약간, 밀가루 약간, 달걀 2개, 빵가루 200g, 식용유 적당량

■■■ 소스 만들기

사과와 바나나는 믹서에 갈고 케첩, 돈가스소스, 우스타소스, 핫소스, 꿀과 섞어 소스를 만든다.

사과 30g, 바나나 1/2개

케첩 5큰술, 돈가스소스 5큰술, 우스타소스 2큰술

핫소스 1작은술, 꿀 1큰술

소고기 낙지 전골

만드는 방법

1 **소고기 양념하기**   소고기는 키친타월에 올려 핏물을 제거하고 **소고기 양념장**에 20분 정도 재워 둔다.

2 **낙지 양념하기**   낙지는 밀가루로 주물러서 깨끗이 씻은 뒤 5cm 길이로 잘라 **낙지 양념장**에 넣어 20분 정도 밑간한다.

3 **새우 손질하기**   새우는 등 쪽에 이쑤시개로 내장을 제거하고 깨끗이 씻는다.

4 **새송이버섯·느타리버섯 썰기**   새송이버섯은 굵게 채를 썰고, 느타리버섯은 결대로 찢어 둔다.

5 **대파·배춧잎 썰기**   대파는 어슷하게 썰고, 배춧잎은 편으로 썬다.

6 **쑥갓·미나리 썰기**   쑥갓과 미나리는 5cm 길이로 자른다.

7 **전골 끓이기**   전골냄비에 밑간한 소고기, 낙지와 새우, 새송이버섯, 느타리버섯, 대파, 배춧잎, 쑥갓, 미나리, 불린 당면을 가지런히 담고 다시마국물을 부어 끓인다.

 **재 료**(4인분)

소고기(불고기용) 300g, 낙지 1마리(밀가루 약간), 새우 6마리, 새송이버섯 3개, 느타리버섯 100g, 대파 1대, 배춧잎 2장, 쑥갓·미나리 약간씩, 불린 당면 50g, 다시마국물 5컵

■■ **소고기 양념장**

진간장 2큰술, 다진 마늘 1큰술, 설탕 1작은술, 생강즙 1/2작은술

청주 1큰술, 참기름 1작은술, 후추 약간

■■ **낙지 양념장**

진간장 1큰술, 설탕 1작은술, 고추장 2큰술, 고춧가루 1큰술

다진 마늘 1큰술, 참기름 1작은술, 깨소금 1작은술

소고기 가지 냉채

만드는 방법

1 소고기 준비하기   소고기는 샤브샤브용으로 준비한다.

2 가지 썰기   가지는 길이가 20cm 정도 되는 것으로 골라 길이대로 썰어서 기름기 없는 프라이팬에 노릇하게 굽는다.

3 고추·잣 다지기   고추와 잣은 곱게 다진다.

4 다시국물 만들기   냄비가 뜨거워지면 내장을 뺀 멸치를 볶다가 물을 붓고 다시마, 양파, 마늘, 생강, 북어를 넣어 다시국물 2컵이 되게 만든다.

5 소고기 익히기   4의 다시국물을 체에 걸러 냄비에 붓고 진간장, 소금으로 간을 하여 끓으면 소고기를 데쳐서 차게 식혀 둔다.

6 접시에 담기   접시에 가지를 부채살 모양으로 돌려 담아 **소스**를 넉넉히 뿌리고 중앙에 데친 소고기를 담은 뒤 다진 고추와 잣을 뿌려낸다. 개인 접시에 옮겨와서 가지에 소고기를 올려 돌돌 말아 먹는다.

 **재 료**(4인분)

소고기(샤브샤브용) 300g, 가지 3개, 붉은 고추 1개, 푸른 고추 1개, 잣 3큰술, 다시국물 2컵(진간장 1큰술, 소금 1작은술)

Tip

다시국물 재료 : 멸치 10마리, 다시마(10x10cm) 1장, 양파 1/2개, 마늘 4톨, 생강 1톨, 마른 북어 1/2마리, 물 3컵

■■■ 소스 만들기

다시국물에 진간장, 생강즙, 다진 마늘, 레몬즙, 식초, 매실액, 꿀, 소금, 후추, 참기름을 넣어 냉채 소스를 만든다.

다시국물 2/3컵, 진간장 2큰술, 생강즙 1작은술

다진 마늘 1큰술, 레몬즙 2큰술, 식초 2큰술, 매실액 1큰술

꿀 1큰술,   소금·후추·참기름 약간씩

깐풍기

만드는 방법

1 **닭 밑간하기** 닭은 살코기만 사방 3cm 길이로 잘라 밑간에 20분 정도 재워 둔다.

2 **닭고기 튀기기** 밑간한 닭고기는 170℃에서 노릇하게 2번 튀긴다.

3 **닭고기국물 만들기** 손질하고 남은 닭고기에 물을 붓고 뭉근하게 끓인다.

4 **생강·대파·마늘·고추 썰기** 생강, 대파, 마늘, 고추는 사방 0.5cm 크기로 잘라 준비한다.

5 **깐풍기 완성하기** 프라이팬이 뜨거워지면 식용유를 두르고 생강, 대파, 마늘, 붉은 고추, 푸른 고추를 넣어 향이 나면 붉은 고추와 푸른 고추는 꺼내 놓고, **소스**를 넣어 끓으면 튀긴 닭고기를 넣어 버무리고 불을 끄면서 참기름을 넣는다.

6 **그릇에 담기** 그릇에 완성된 깐풍기를 담고 붉은 고추와 푸른 고추를 고명으로 올린다.

 재 료(4인분)

닭고기(살코기) 600g, 생강 1톨, 대파 1/2대, 마늘 2톨, 붉은 고추 1개, 푸른 고추 1개, 녹말 적당량, 식용유 적당량, 참기름 약간

Tip

닭고기 밑간 : 달걀 노른자 1개, 청주 1큰술, 소금·후추 약간씩, 침전녹말 3큰술(물2:녹말1 비율로 섞어 가만히 둔 후 녹말이 가라앉으면 윗물을 버리고 앙금만 사용한다), 녹말 3큰술

■■■ 소스 만들기

닭고기국물에 진간장, 설탕, 식초, 청주, 후추를 넣어 소스를 만든다.

닭고기국물 6큰술, 진간장 3큰술

설탕 3큰술, 식초 3큰술

청주 2큰술, 후추 약간

돼지고기 등갈비찜

만드는 방법

1 **돼기고기·표고버섯 준비하기** 돼지고기는 찬물에 30분 정도 담가 핏물을 제거하고, 표고버섯은 미지근한 물에 담가 불린다.

2 **무·당근 손질하기** 무와 당근은 사방 3cm 크기로 깍둑썰기한 다음 모서리를 다듬어 양념이 잘 배게 끓는 물에 살짝 데친다.

3 **양파 썰기** 양파는 큼직하게 4등분한다.

4 **은행·대추 손질하기** 은행은 끓는 물에 넣어 망국자로 비비면서 껍질을 제거하고, 대추는 깨끗이 씻는다.

5 **갈비찜하기** 냄비에 물과 등갈비를 넣어 익히다가 **양념장**과 표고 버섯, 무, 당근, 양파, 은행, 대추를 넣어 국물을 끼얹으면서 국물 이 5큰술 정도 남을 때까지 윤기나게 조린다.

6 **그릇에 담기** 그릇에 완성된 돼지고기 등갈비찜을 골고루 담고 남 겨둔 국물을 끼얹어 낸다.

 **재 료**(4인분)

돼지고기 등갈비 800g, 표고(마른) 버섯 3장, 무 100g, 당근 1/2개, 양 파 1개, 은행 10알, 대추 8개, 물 2컵

■■■ 양념장 만들기

진간장에 갈비양념, 매실액, 다진 마늘, 다진 파, 청주, 양파즙, 후, 참기름을 넣어 잘 섞어 양념장을 만든다.

진간장 4큰술, 갈비양념(시판용) 2큰술, 매실액 2큰술(또는 설탕)

다진 마늘 2큰술, 다진 파 1큰술, 청주 2큰술

양파즙 2큰술, 후추·참기름 약간

닭찜 구이

만드는 방법

1 **닭고기 손질하기**   닭고기는 5cm 크기로 토막내어 찬물에 담가 핏물을 제거한 뒤 매실액에 재워 둔다.

2 **양파 · 파프리카 · 대파 썰기**   양파는 4등분으로 자르고, 파프리카는 양파 크기로 썰고, 대파는 통으로 3cm 길이로 썬다.

3 **은행 껍질 제거하기**   은행은 끓는 물에 넣어 망국자로 비비면서 껍질을 제거한다.

4 **고추 썰기**   마른 고추는 면보로 닦아 듬성듬성 자른다.

5 **닭고기 재우기**   1의 닭고기에 **양념장**을 넣어 20분 정도 재운다.

6 **닭고기 지지기**   냄비가 뜨거워지면 올리브유를 두르고 마른 청양고추를 넣어 볶다가 재워 둔 **양념장**을 제외한 닭고기만 건져서 노릇노릇하게 지진다.

7 **닭찜 구이 완성하기**   잘 지져졌으면 남겨둔 **양념장**과 양파, 파프리카, 대파, 은행, 마늘을 넣고 뚜껑을 덮어 20분 정도 끓여 닭찜 구이를 완성한다.

 **재 료**(4인분)

닭고기 500g, 양파 1개, 붉은 파프리카 1/2개, 푸른 파프리카 1/2개, 대파 1대, 은행 10알, 마늘 5톨, 마른 청양(매운)고추 2개, 매실액 5큰술, 올리브유 약간

■■■ 양념장 만들기

진간장에 천일염, 청주, 들기름, 후추를 잘 섞어 양념장을 만든다.

진간장 1큰술

천일염(굵은 소금) 1작은술,
청주 1큰술

들기름 1작은술, 후추 약간

갈매기살 구이

만드는 방법

1 갈매기살 준비하기 갈매기살은 한입 크기로 잘라 준비한다.

2 대파·새송이버섯 썰기 대파는 통으로 3cm 길이로 자르고, 새송이버섯은 어슷하게 썬다.

3 갈매기살 재우기 갈매기살과 대파, 새송이버섯에 갈매기살 양념장으로 20분 정도 재운다.

4 콩나물 삶기 냄비에 콩나물과 약간의 물을 넣고 뚜껑을 덮어 끓으면 중불로 낮추어 7분 정도 삶아 건져 둔다.

5 부추 자르기 부추는 5cm 길이로 잘라 둔다.

6 쌈채소 씻기 쌈채소는 깨끗이 씻어 준비한다.

7 콩나물 무치기 콩나물과 부추를 섞어 콩나물무침 양념장으로 무친다.

8 갈매기살 굽기 프라이팬이 뜨거워지면 재워 둔 **3**의 갈매기살과 대파, 새송이버섯을 함께 굽는다.

9 접시에 담아내기 접시에 구운 갈매기살, 대파, 새송이버섯과 콩나물 무침을 담고 **소스**와 쌈채소를 함께 곁들여 낸다.

 **재 료**(4인분)

갈매기살(돼지고기) 400g, 대파 1대, 새송이버섯 2개, 굵은 콩나물 200g, 부추 50g, 쌈채소 100g

Tip

갈매기살 양념장 : 진간장 2큰술, 청주 4큰술, 흑설탕 1큰술, 참기름·후추 약간씩

콩나물무침 양념장 : 진간장 1큰술, 고춧가루 1큰술, 다진 마늘 1큰술, 설탕 1작은술, 참기름 1작은술, 통깨 1작은술

■■■ 소스 만들기

고추장에 청주, 연겨자, 설탕, 사이다, 통깨를 넣어 소스를 만든다.

고추장 5큰술, 청주 1큰술

연겨자 1작은술, 설탕 1작은술

사이다 4큰술, 통깨 1작은술

닭갈비

만드는 방법

1 **닭다리 손질하기** 닭다리는 뼈를 제거하고 살만 발라 한입 크기로 자른다.

2 **닭고기 양념장에 재우기** 손질한 닭고기는 **양념장**에 20분 정도 재워 둔다.

4 **양배추 · 고구마 · 가래떡 썰기** 양배추 · 고구마 · 가래떡은 큼직하게 썬다.

4 **고추 썰기** 청양(매운)고추와 붉은 고추는 어슷하게 썬다.

5 **대파 · 깻잎 썰기** 대파는 어슷하게 썰고, 깻잎은 굵게 채를 썬다.

6 **닭갈비 볶기** 프라이팬이 뜨거워지면 올리브유를 두르고 양념한 닭다리살과 양배추, 고구마, 가래떡을 넣고 볶으면서 닭갈비가 다 익으면 고추, 대파, 깻잎을 넣어 완성한다.

 재 료(4인분)

닭다리 500g, 양배추 100g, 고구마 1개, 가래떡 1줄(50cm 길이), 청양(매운)고추 1개, 붉은 고추 1개, 대파 1대, 깻잎 10장, 올리브유 약간

■■ **양념장 만들기**

고추장에 고춧가루, 청주, 양파즙, 매실액(또는 설탕), 꿀, 다진 마늘, 생강즙, 카레가루, 참기름, 통깨를 섞어 양념장을 만든다.

고추장 3큰술, 고춧가루 3큰술,
청주 1큰술, 양파즙 3큰술

매실액(또는 설탕) 1큰술, 꿀 1큰술,
다진 마늘 2큰술, 생강즙 1작은술

카레가루 1큰술, 참기름 1작은술,
통깨 1큰술

돼지고기 주물럭

만드는 방법

1 **돼지고기 핏물 제거하기** 돼지고기(삼겹살)는 키친타월에 올려 핏물을 제거하고 적당한 크기로 자른다.

2 **돼지고기 양념장에 재우기** 돼지고기는 **양념장**에 20분 정도 재운다.

3 **양파 채썰기** 양파는 채를 썬다.

4 **당근 썰기** 당근은 4×2cm 크기로 얇게 썬다.

5 **마늘·생강·고추 썰기** 마늘과 생강은 편으로 썰고, 고추는 어슷하게 썬다.

6 **돼지고기 볶기** 프라이팬에 양념한 돼지고기와 양파, 당근, 마늘, 생강을 넣고 볶다가 돼지고기가 익으면 고추를 넣고 불을 끈다.

7 **돼지고기 주물럭 담아내기** 완성된 돼지고기 주물럭과 각종 쌈채소를 함께 낸다.

 재 료(4인분)

돼지고기(삼겹살) 500g, 양파 1/2개, 당근 1/3개, 마늘 4톨, 생강 1톨, 푸른 고추 1개, 붉은 고추 1개, 각종 쌈채소 200g

■■■ **양념장 만들기**

고추장에 고춧가루, 굴소스, 매실액, 다진 마늘, 생강즙, 청주, 참기름, 깨소금을 넣어 양념장을 만든다.

고추장 2큰술, 고춧가루 1작은술, 굴소스(또는 진간장) 1큰술

매실액(또는 설탕) 1큰술, 다진 마늘 1큰술, 생강즙 1작은술

청주 1큰술, 참기름 1작은술, 깨소금 1작은술

Part 4
면 요리에 맞는 양념 & 소스

채소 쫄면

만드는 방법

1 쫄면 준비하기 쫄면은 삶기 편리하게 가닥가닥 떼어 둔다.

2 콩나물 삶기 콩나물은 냄비 뚜껑을 닫고 끓으면 중불로 5분 정도 더 삶아서 차게 식힌다.

3 당근·오이·적채 채썰기 당근·오이·적채는 곱게 채를 썬다.

4 달걀 삶기 냄비에 달걀이 잠길 정도의 물과 약간의 소금을 넣어 끓으면 중불로 낮추어 12분 정도 완숙으로 삶는다. 식으면 껍질을 벗기고 반으로 자른다.

5 쫄면 삶기 끓는 물에 약간의 소금을 넣고 쫄면을 넣어 투명하게 익으면 찬물에 씻어서 물기를 제거한다.

6 그릇에 담기 그릇에 삶은 쫄면과 콩나물, 당근, 오이, 적채를 돌려 담고 **양념장**을 올린 뒤 달걀을 놓고 참기름을 뿌려 낸다.

 **재 료**(4인분)

쫄면 400g, 콩나물 200g, 당근 1/2개, 오이 1/2개, 적채 2장, 달걀 2개, 참기름 적당량

■■■ 양념장 만들기

1 사과와 양파는 강판에 갈아서 준비한다.

2 1과 고춧가루, 다진 마늘, 식초, 레몬즙, 설탕, 다시마국물, 고추장, 깨소금을 섞어 양념장을 만든다.

사과즙 3큰술, 양파즙 3큰술

고춧가루 5큰술, 다진 마늘 2큰술, 식초 7큰술, 레몬즙 2큰술

설탕 5큰술, 다시마국물 3큰술, 고추장 13큰술, 깨소금 2큰술

잔치 국수

만드는 방법

1 **소고기·표고버섯 썰기** 소고기는 가늘게 채를 썰고, 표고버섯은 미지근한 물에 불려 가늘게 채를 썬다.

2 **소고기·표고버섯 밑간하기** 소고기와 표고버섯은 양념장에 각각 밑간하여 프라이팬이 뜨거워지면 볶아낸다.

3 **달걀 부치기** 달걀은 흰자와 노른자를 분리하여 소금을 넣고 각각 부쳐 5cm 길이로 채를 썬다.

4 **김치·김 썰기** 김치는 굵게 채를 썰고, 김은 구워서 가늘게 채를 썰거나 비닐에 넣어 부순다.

5 **멸치다시마국물 내기** 냄비에 내장을 제거한 멸치를 볶다가 비린내가 가시면 다시마와 물을 넣고 끓으면 중불에서 10분 정도 더 끓여 멸치와 다시마를 건진다. 다시마는 5cm 길이로 가늘게 채를 썰어 둔다.

6 **소면 삶기** 물이 끓으면 약간의 소금과 소면을 넣고 삶는다.

7 **그릇에 담기** 그릇에 소면을 담고 고명으로 소고기, 표고버섯, 달걀 지단, 김치, 다시마를 올리고 멸치다시마국물을 부은 후 김을 뿌려 **양념장**과 함께 낸다.

 재 료(4인분)

소면 300g(소금 약간), 소고기(홍두깨살) 100g, 마른 표고버섯 3개, 달걀 2개, 김치 50g, 김 2장, 멸치다시마 국물(다시 멸치 10마리, 다시마(10× 10cm) 1장) 5컵

Tip

소고기·표고버섯 양념장 : 진간장 1큰술, 다진 마늘 1작은술, 다진 파 1작은술, 설탕 1/2작은술, 참기름 약간, 깨소금 약간

■■■ 양념장 만들기

진간장에 국간장, 고춧가루, 소주, 설탕, 다진 마늘, 대파, 고추를 넣어 양념장을 만든다.

진간장 5큰술, 국간장 1큰술

고춧가루 2큰술, 소주 1큰술, 설탕 1작은술

다진 마늘 1큰술, 송송 썬 대파 1큰술, 다진 청양(매운)고추 1큰술

골뱅이 쟁반국수

만드는 방법

1 골뱅이 썰기 골뱅이는 건더기만 건져서 편으로 썬다.

2 진미채 준비하기 진미채는 골뱅이 건더기 건지고 난 국물에 담가 부드럽게 불린다.

3 영양부추 손질하기 영양부추는 깨끗이 씻어서 물기를 제거하고 5cm 길이로 자른다.

4 오이 · 양파 · 깻잎 · 대파 썰기 오이는 반으로 잘라 어슷하게 썰고, 양파와 깻잎은 굵게, 대파는 가늘게 채를 썬다.

5 고추 썰기 붉은 · 푸른 고추는 둥글게 썰어 고명으로 사용한다.

6 소면 삶기 물이 끓으면 약간의 소금을 넣고 소면을 삶는다.

7 쟁반국수 완성하기 그릇에 준비된 골뱅이, 진미채, 영양부추, 오이, 양배추, 깻잎, 대파, 소면을 돌려 담고 고추로 장식한 뒤 **양념장**을 함께 낸다.

 **재 료**(4인분)

골뱅이 1통, 진미채 50g, 영양부추 1/3단(50g), 오이 1/2개, 양파 1/2개, 깻잎 10장, 대파 1대, 붉은 고추 1/2개, 푸른 고추 1/2대, 소면 50g, 소금 약간

■■■ 양념장 만들기

고추가루에 고추장, 골뱅이국물, 식초, 설탕, 소금, 다진 생강, 물엿, 다진 마늘, 레몬즙, 진간장을 잘 섞어 양념장을 만든다.

고춧가루 3큰술, 고추장 2큰술, 골뱅이국물 2큰술, 식초 2큰술

설탕 1큰술, 소금 1/2큰술, 다진 생강 1/2작은술, 물엿 1큰술

다진 마늘 1큰술, 레몬즙 1큰술, 진간장 1/2작은술

PART 4 · 면 요리에 맞는 양념 & 소스

짬뽕

만드는 방법

1 돼지고기 썰기 돼지고기는 5cm 길이로 가늘게 채를 썬다.

2 오징어 · 바지락 준비하기 오징어는 껍질을 벗기고 배 쪽에 칼집을 넣어 나뭇잎 모양으로 썰고, 바지락은 소금물에 담가 해감한다.

3 홍합 · 새우 손질하기 홍합은 소금물에 씻고, 새우는 등 쪽에 이 쑤시개로 찔러 내장을 제거한다.

4 배춧잎 · 표고버섯 썰기 배춧잎과 표고버섯은 편으로 썬다.

5 당근 · 양파 썰기 당근은 4×2cm 크기로 가늘게 썰고, 양파는 채를 썬다.

6 부추 · 마늘 · 고추 · 대파 썰기 부추 4cm 길이로, 마늘은 편으로, 고추와 대파는 어슷하게 썬다.

7 생면 삶기 생면은 끓는 물에 넣고 끓여서 찬물에 씻어 둔다.

8 짬뽕 끓이기 냄비에 고추기름을 두르고 마늘, 고추, 대파를 볶아 향이 우러나면 돼지고기를 넣어 익힌 다음 배춧잎, 표고버섯, 당근, 양파를 넣어 볶아 준다.

9 짬뽕 완성하기 채소가 어느 정도 익으면 오징어, 바지락, 홍합, 새우를 넣어 볶다가 **소스**를 넣고 끓으면 부추를 넣어 마무리를 한 다음 그릇에 면을 넣고 완성된 짬뽕을 부어 낸다.

재 료(2인분)

돼지고기 100g, 오징어 1마리, 바지락 30g, 홍합 30g, 새우 4마리, 배춧잎 2장, 표고버섯 2개, 당근 1/3개, 양파 1/2개, 부추 50g, 마늘 2톨, 붉은 고추 1개, 대파 1대, 생면 2인분, 고추기름 3큰술

■■■ 소스 만들기

다시마국물 3컵 + 후추 약간 + 굵은 소금(천일염) 1/2큰술 + 청주 1큰술

비빔 냉면

만드는 방법

1 소고기 양념하기 소고기는 핏물을 제거하고 불고기 양념장으로 20분 정도 재워 둔다.

2 무생채 양념하기 무는 납작하게 썰어 무생채 양념장에 재운다.

3 오이 · 배 썰기 오이와 배는 가늘게 채를 썬다.

4 달걀 삶기 냄비에 달걀이 잠길 정도의 물과 약간의 소금을 넣어 끓으면 12분 정도 완숙으로 삶아 껍질을 벗기고 달걀절단기로 자른다.

5 메밀국수 삶기 물이 끓으면 메밀국수를 넣고 삶아서 찬물에 씻어 준비한다.

6 그릇에 담기 그릇에 메밀국수를 모양내어 담고 잘라놓은 달걀, 불고기, 무, 오이, 배를 순서대로 올리고 **양념장**을 곁들여 낸다.

 **재 료**(4인분)

메밀국수 400g, 소고기(불고기용) 200g, 무 300g, 오이 1/2개, 배 1/2 개, 달걀 2개(소금 약간)

Tip

무생채 양념장 : 식초 3큰술, 설탕 3큰술, 소금 1작은술, 고춧가루 1 작은술

불고기 양념장 : 진간장 1큰술, 다 진 마늘 1작은술, 다진 파 1작은 술, 설탕 1작은술, 깨소금 약간, 참기름 약간

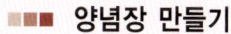 **양념장 만들기**

양파즙에 사과즙, 배즙, 고춧가루, 고추장, 다시마국물, 다진마늘, 생강즙, 소금, 식초, 레몬즙, 설탕, 진간장, 물엿, 통깨, 참기름, 연겨자를 골고루 섞어 양념장을 만든다.

양파즙 2큰술, 사과즙 2큰술, 배즙 2큰술   고춧가루 6큰술, 고추장 3큰술, 다시마국물 3큰술   다진 마늘 2큰술, 생강즙 1/2작은술, 소금 1작은술

식초 4큰술, 레몬즙 2큰술, 설탕 3큰술   진간장 1큰술, 물엿 1큰술(또는 매실액)   통깨 1큰술, 참기름 1작은술, 연겨자 1/2작은술

곤약 국수

만드는 방법

1 곤약 준비하기 곤약은 가늘게 채를 썰어 둔 것으로 준비하여 끓는 물에 살짝 데쳐 찬물에 씻어 둔다.

2 팽이버섯 준비하기 팽이버섯은 씻어서 밑동을 자르고 반으로 자른다.

3 고추·실파 썰기 고추와 실파는 송송 썰어서 준비한다.

4 쑥갓 준비하기 쑥갓은 잎만 떼어서 준비한다.

5 멸치다시마국물 만들기 냄비가 뜨거워지면 내장을 제거한 멸치를 넣어 볶다가 물을 붓고 다시마와 대파를 넣는다. 끓으면 10분간 더 끓여 체에 받쳐 멸치다시마국물을 만든다.

6 곤약국수 완성하기 멸치다시마국물이 끓으면 데쳐 놓은 곤약과 **양념장**을 넣고 팽이버섯, 고추, 실파, 쑥갓을 넣은 후 불을 끈다.

 재 료(4인분)

곤약 500g, 팽이버섯 1/2봉지, 붉은 고추 1개, 푸른 고추 1개, 실파 3뿌리, 쑥갓 약간, 멸치다시마국물 4컵(800ml)

Tip
멸치다시마국물 재료 : 국물멸치 10마리, 물 5컵(1000ml), 다시마 (5×5cm) 1장, 대파 1대

■■■ 양념장 만들기
국간장에 참치액, 다진 마늘, 소금을 넣어 양념장을 만든다.

국간장 1작은술

참치액 1작은술

다진 마늘 1큰술

소금 약간

버섯 비빔 국수

만드는 방법

1 느타리 · 양송이버섯 손질하기   느타리버섯은 가늘게 찢고, 양송이버섯은 모양대로 납작하게 썬다.

2 표고 · 새송이버섯 손질하기   표고버섯과 새송이버섯은 굵게 채를 썬다.

3 치커리 · 고추 · 깻잎 준비하기   치커리는 씻어서 준비하고, 고추는 송송 썰고, 깻잎은 가늘게 채를 썬다.

4 버섯 볶기   프라이팬이 뜨거워지면 올리브유를 두르고 느타리버섯, 양송이버섯, 표고버섯, 새송이버섯을 넣어 볶아 식힌다.

5 버섯 소스에 버무리기   볶아 놓은 **4**의 버섯에 끓여서 식혀 놓은 **소스**를 섞어 준다.

6 국수 삶기   물이 끓으면 약간의 소금을 넣고 국수를 삶는다.

7 그릇에 담기   그릇에 치커리와 국수를 담고 **5**의 버섯과 **소스**를 넉넉히 올리고 고추와 깻잎을 고명으로 올린다.

재 료 (4인분)

녹차국수(또는 소면) 300g, 느타리버섯 50g, 양송이버섯 5개, 표고버섯 4개, 새송이버섯 1개, 치커리 50g, 붉은 고추 1개, 푸른 고추 1개, 깻잎 5장, 올리브유 약간

■■■ 소스 만들기

프라이팬이 뜨거워지면 올리브유를 두르고 다진 마늘로 향을 낸 뒤 발사믹식초와 진간장, 소금, 꿀, 매실액을 넣어 끓으면 10분 정도 은근히 끓여 식힌다.

올리브유 2큰술

다진 마늘 1큰술, 발사믹식초 1컵

진간장 1큰술, 소금 1큰술

꿀 2큰술, 매실액 2큰술

쌀국수 오이롤

만드는 방법

1 닭가슴살 삶기 닭가슴살은 소금과 후추로 20분 정도 밑간을 한
뒤 끓는 물에 넣어 삶아 익으면 가늘게 찢는다.

2 새우 손질하기 새우는 등 쪽을 이쑤시개로 찔러 내장을 제거하
고 끓는 물에 약간의 소금을 넣고 삶아서 식으면 꼬리만 남기고
머리와 껍질을 제거한다.

3 오이 절이기 오이는 필러로 길이대로 얇게 저며 오이 절임에 재
워 둔다.

4 쌀국수 삶기 끓는 물에 약간의 소금을 넣고 쌀국수를 삶아 비벼
씻어서 물기를 제거한다.

5 쌀국수 오이롤 만들기 **3**의 절인 오이는 물기를 짜고 쌀국수, 닭
가슴살, 새우를 넣고 돌돌 말아서 접시에 담고 **소스**를 뿌리거나
곁들여 낸다.

 **재 료**(4인분)

쌀국수 100g, 닭가슴살(소금, 후추
밑간) 200g, 새우(중간크기) 16마리,
오이 1개

Tip

오이 절임 : 식초 3큰술, 설탕 2큰
술, 소금 1작은술

■■■ 소스 만들기
냄비가 뜨거워지면 고추기름을 두르고 다진 마늘로 향을 낸
뒤 두반장을 볶다가 물, 설탕, 케첩, 식초를 넣어 걸쭉하게 끓
여 소스를 만든다.

고추기름 2큰술, 다진 마늘 1큰술

두반장 1큰술, 물 1컵, 설탕 1/2컵

케첩 3큰술, 식초 3큰술

해물 잡채

만드는 방법

1 낙지 손질하기 낙지는 밀가루를 넣어 바락바락 주물러 씻어 5cm 길이로 잘라 둔다.

2 새우 손질하기 새우는 등 쪽에 이쑤시개로 찔러 내장을 빼고 머리와 껍질을 벗겨 반으로 저민다.

3 홍합살 씻기 홍합살은 소금물에 씻어서 준비한다.

4 표고버섯 밑간하기 마른 표고버섯은 미지근한 물에 불려서 가늘게 채를 썬 뒤 표고버섯 양념장에 재워 둔다.

5 고추·미나리 썰기 고추는 5cm 길이로 가늘게 채를 썰고, 미나리는 5cm 길이로 자른다.

6 당면 삶기 끓는 물에 당면을 넣고 투명해지면 체에 밭쳐 물기를 제거한다.

7 표고버섯·해물 볶기 프라이팬에 표고버섯을 볶은 다음 낙지, 새우, 홍합살도 살짝 볶아낸다.

8 잡채 완성하기 프라이팬이 뜨거워지면 식용유를 두르고 당면을 볶다가 **양념장**과 7의 볶아 놓은 표고버섯, 낙지, 새우, 홍합살을 넣어 잘 섞어준 다음 고추와 미나리를 넣은 후 불을 끈다.

 **재 료**(4인분)

낙지 1마리(밀가루 약간), 새우 6마리, 홍합살 200g(소금 약간), 마른 표고버섯 3개, 붉은 고추 2개, 푸른 고추 2개, 미나리 50g, 불린 당면 150g, 식용유 약간

Tip

표고버섯 양념장 : 진간장 1작은술, 다진 마늘 1작은술, 설탕 1/2작은술, 참기름 약간, 깨소금 약간

■■■ **양념장 만들기**

진간장에 설탕, 마늘, 통깨, 참기름을 넣어 양념장을 만든다.

진간장 5큰술 ＋  설탕 2큰술, 다진 마늘 1큰술 ＋  통깨 약간, 참기름 약간

Index

맛깔난 양념&소스 만들기

2009년 1월 15일 1판 1쇄
2012년 8월 25일 1판 3쇄

지은이 : 배태자
펴낸이 : 남상호

펴낸곳 : 도서출판 예신
www.yesin.co.kr

140-896 서울시 용산구 효창원로 64길 6
대표전화 : 704-4233, 팩스 : 335-1986
등록번호 : 제03-01365호(2002. 4. 18)

값 12,000원

ISBN : 978-89-5649-066-3